《带你走进博物馆》丛书编辑委员会

主　任：单霁翔
副主任：张　柏　董保华　童明康　张全国
　　　　苏士澍　葛承雍　毛佩琦
委　员：刘曙光　彭常新　顾玉才　宋新潮
　　　　侯菊坤　吴东风　张自成　李克能
　　　　张昌倬　王　军　叶　春　何成中
　　　　周　明　李耀申　谭　平　尹建明
　　　　袁南征
主　编：葛承雍
副主编：宋新潮　李克能

云南省博物馆

Yunnan Provincial Museum

带你走进博物馆 SERIES

云南省博物馆　编著

文物出版社

目 录 Contents

赠　　言		3
寄　　语		4
概　　况		5
流光溢彩	滇国青铜	11
南诏大理	佛教艺术	32
红土高原	水墨丹青	43
陶瓷珍品	争奇斗艳	60
风韵独特	工艺精品	75
历史风云	近代文物	84
七彩争辉	民族奇葩	92

赠 言

  未成年人将要承担中华民族伟大复兴的重任。关心未成年人的健康成长，关心他们的思想道德的建设是我们每个人的责任，各类博物馆不仅是展示我国和世界优秀历史文化的场所，也是未成年人学习知识、培养情操的第二课堂。

  让这套丛书带你走进博物馆，让博物馆伴随你成长。

国家文物局局长 单霁翔

2004年12月9日

寄 语

  博物馆是一眼甘泉，她让不同的人在此摄取，听故事，学艺术，探历史，寻文化。在这里，人神交融，时空飞腾，艺术的天国是自由的殿堂。一切伟大的艺术和历史，都汇集在博物馆。

  它为研究者存在，为学习者展示，为旅游者导引，是苦旅者歇息和充电的港湾，它期待着仰望的人群和执著的目光。人们在观看文物，同时也在观看自己。于是，博物馆既为人们构筑了艺术的殿堂和心灵的长廊，也为人们搭建了人与物，历史与现代，传统与时尚的桥梁。

  希望更多的人走进博物馆，了解博物馆。祝愿博物馆的明天会更好。

云南省博物馆馆长 马文斗

概　况

　　云南省博物馆位于昆明市中心，是一座综合性的博物馆，创建于1951年。五十余年来，云南省博物馆经过多年的考古发掘、调查征集、社会收购和接受捐赠的青铜器、古钱币、陶瓷器、古书画、碑帖、邮票及各类工艺品已达156000件之多，目前是云南省收藏文物最多的博物馆。在数以千计的珍贵文物中，被认定为国家一级文物的约1000余件。晋宁石寨山出土的鎏金骑士贮贝器、江川李家山出土的牛虎铜案、大理三塔出土的大理国金阿嵯耶观音立像、呈贡王家营沐氏墓地出土的明代嵌宝石金发冠、北宋郭熙《溪山行旅图》轴、元代黄公望《剡溪访戴图》轴等文物，堪称国宝级文物。在云南省博物馆的藏品中最具特色的是滇文化青铜器、南诏与大理国时期的佛教文物以及近现代多姿

多彩的少数民族文物精品。云南作为一个民族文化大省，多年的考古发掘已证明了云南历史文化呈现的多样性与多民族省份是相一致的。

从20世纪50年代始，云南省博物馆在全省范围内进行的科学考古发掘、试掘、调查多达数百次，其中影响较大的几次重大考古发掘有：

1955年至1960年先后四次在晋宁石寨山古墓群进行了大规模考古发掘，这一墓地已成为滇池地区青铜文化的典型代表，被世界考古学界称为"石寨山文化"，亦称"滇文化"。滇文化是与中原青铜文化有显著区别的文化，带有明显的地方特点，主要表现在出土的青铜器的器形上，如贮贝器、铜枕等。石寨山墓地共发掘了50座西汉时期的墓葬，出土器物4000多件，尤其是在6号墓内发现了金质的"滇王之印"，从而印证了两千多年前司马迁在《史记·西南夷列传》中对"滇"的记载。1972年发掘的江川李家山古墓群，是石寨山文化的又一重要地点。该墓地共发掘了27座古墓，出土战国至两汉时期的各类文物1300多件，进一步丰富了滇文化的内涵，而其中最具代表性的是一批青铜纺织工具，有卷经杆、刷形器、梭口刀、弓形器、纺轮、针线盒、筒、锥、针、绕线板等，是研究云南纺织史的重要资料。

1975年至1976年，在楚雄万家坝发掘了79座古墓，时代为春秋至西汉。出土文物1245件，其中，最重要的是出土了5面春秋时期的铜鼓，这也是迄今为止世界上发现的最早的铜鼓。因之，确立了"万家坝型"铜鼓的称号，并得到国内外铜鼓研究专家的认可。

1977年至1982年连续7次对曲靖珠街八塔台古墓群进行了发掘。在7米多高的巨大封土堆上，层层叠压着东周到明代的古墓葬。其中，东周至两汉的墓葬出土了青铜器、陶器、玉石器等文物200多件，较重要的有铜鼓、铜釜、扣饰、矛、戈、剑及陶鼎等。

南诏-明的墓葬均为火葬墓,随葬品不多,但其火葬罐形式却复杂多样,为云南火葬墓的分期提供了较科学的依据。八塔台古墓葬区延续近两千年,经历若干朝代,这一奇特现象,在中国考古史上是不多见的。

展览、收藏与科研是博物馆的三大功能。云南省博物馆是全省文物陈列展览的主要单位,是云南省的爱国主义教育基地,云南大学现代设计学院的教育基地,是供公众进行高品位的文化享受的重要场所。50多年来,它利用丰富的藏品,举办过不同内容的陈列展览,全面、系统地展示了云南的历史文化面貌和少数民族历史文化,获得了社会的普遍赞誉。除长年不间断地举办短期展览外,目前,云南省博物馆有固定陈列展览三个:

一、滇国——云南青铜文明展

青铜器是云南文物中最为重要的部分之一,它不仅在云南历史上,而且在世界青铜史上都占有重要的地位。以滇青铜器为中心的云南青铜文化具有极高的艺术水平和丰富的社会文化内涵。这些文物目前主要收藏于云南省博物馆。此展将把其中的精品展示出来,对外进行长期陈列。

云南地处东亚、东南亚、南亚和青藏高原的交接处,亚洲的几条主要河流在云南流向不同的方向,因此云南历来就是一个国际性的大通道,是各种文化交会的地方。即使是两千年前的滇青铜器,也表现出了异乎寻常的多姿多彩,文化面貌异常丰富。此次展览目的就是揭示出云南青铜器的厚重历史内蕴,以现有的科研成果为基础,配合现代化的展览陈列手段,尽可能地恢复当时人们的生活面貌,把灿烂的云南青铜文化展示在世人面前。

二、南诏与大理国——佛光普照的国度

云南是世界上独一无二的天然宗教博物馆。遍布全省的文庙可谓儒家的殿堂;传说云南最早的寺庙供奉的竟然是书圣王羲之，据考证，他是早期道家中一支——五斗米教中的神仙；而后传入的佛教、伊斯兰教，甚至近代西方传来的天主教、基督教，加上本地各民族原来信奉的原始宗教，林林总总，世界各大宗教在云南这块神奇的土地上寻找到了自己的一方净土，或多或少地留下了足迹。

这其中，影响最广泛、最有代表性的是佛教。从流传的时间看，自从唐代佛教传入云南，就很快发展壮大，直至今天。从流传的规模看，自从南诏国晚期以佛教为国教，兴盛数百年，清代诗人吴伟业称"苍山与洱境，释家之齐鲁"，云南因而被誉为"妙香佛国"。然而，云南佛教最令人称奇的是它海纳百川的广博。从最早由印度传来的密宗，到中原传来的华严宗、净土宗，从北面西藏传入的藏传佛教到南面东南亚盛行的南传上座部佛教，佛教发展史上的各个派别，在云南都能找到，留下的文物内容之丰富，令人叹为观止。

三、金玉满堂——云南省博物馆馆藏珍宝展（1）

该展分为三个部分：金属工艺、珠宝玉器、雕刻工艺。

金属工艺包括金器、银器、铜器。年代均为汉代和明代。如：汉代葫芦金饰、汉代梅花金片饰、汉代兽形金片饰、汉代压花金剑鞘等。其中，最具特色的要数云南呈贡王家营，沐氏墓葬中出土的明代金镶红蓝宝石冠、明代金镶宝石耳环，其工艺之精，令人感叹。银器以少数民族饰品为主，如：傣族镶石银鎏金项圈、傣族银臂箍、傣族银披肩、佤族手镯等，每件展品都体现出各个民族的审美态度和文化习俗。铜器展品有红铜、黄铜、紫铜等多种类型，其工艺更是丰富多彩，如：斑铜工艺、乌铜走银工艺等。

珠宝玉器包括玉石、琥珀、玛瑙、水晶。所选展品多为明代和清代材质上乘、雕工精良的藏品。如：明代白玉镂雕花卉带板、明初玉雕鹭鸶如意头、明代鱼龙人物座屏等。清代的玉雕最具特色，如：清代翠玉长命富贵笔掭、清末翡翠帐钩等。

雕刻工艺包括竹、木、牙、石、角、骨等不同材质、不同形制的藏品数十件。"牙雕行草书嵌挂屏"是展览中的亮点，其高198厘米，宽58厘米，共12幅，均为云南当地名家书写。书法精湛，雕刻精美，是难得一见的珍宝。

云南省博物馆还通过对外交流，不断扩大影响。先后在日本、瑞士、奥地利、德国、意大利、美国、香港举办了"云南省博物馆青铜器展览"、"云南古代佛教艺术展览"、"云南省博物馆少数民族服饰及工艺品展览"、"猎鹿与剽牛——古滇国文物展"。这些出国展览弘扬了祖国悠久的历史文化，增强了中华民族的自豪感。每次展览都在当地引起轰动，取得极大的成功。同时，也让海外观众对云南灿烂的古代文化和少数民族丰富多彩的民间民俗文化有了进一步的了解，吸引了更多的海外游客来云南旅游观光。

多年以来，云南省博物馆始终坚持开展以本馆文物为中心的学术研究活动，伴随着考古资料的积累和学术研究的深入，先后出版了一批有代表性的学术专著，如《云南铜鼓图录》、《云南晋宁石寨山古墓群发掘报告》、《云南青铜器论丛》、《云南省博物馆藏画集》、《担当书画全集》以及反映馆内专业人员研究成果的论文集。为更好地开展学术研究和激励中青年业务人员钻研业务，1973年创办了馆刊《云南文物》，至今已出版了62期，为学术界提供了大量的第一手资料，其范围涉及考古发掘、历史、民族、藏品、博物馆等多个方面，取得了丰硕的成果。这些论著和刊物的出版，对学术的传承与传播、学术梯队的建设以及学术资料的及时整理都起了重要的作用，在省内外学术界产生了较大的影响，为云南省博物馆的良性发展奠定了坚实的基础，使云南省博物馆成为省内文物研究的中心。

为适应我省文博工作的发展需要，我馆成立了会展中心，该中心除完成本馆展览设计工作之外，还承担了全省各地州、市博物馆的陈列展览设计工作，这些根据各地博物馆展览特色精心设计的展览，得到同行们的一致好评。

近年来在文物保护工作方面，我们加大了保护力度，建立了云南省文物保护技术中心，利用本馆的技术力量，承担馆藏文物的修复、装裱、复制、仿制工作，进一步提高云南省博物馆的文物保护能力。同时还负责全省境内的文物保护、社会文物的保护和考古发掘工地的环境地质监测、古建筑白蚁防护等文物保护工作，并将成为西南地区的文物保护中心。

博物馆封存着人类的记忆，珍藏着人类宝贵的财富。博物馆是社会的博物馆，人民的博物馆，博物馆要为人民服务，我们将以一个服务者的身份，为全体公民提供真诚的服务。我们将致力于建设一个开放的云南省博物馆，我们向社会公开招聘了志愿者，将展览送到基层，方便了大众的参观。并向社会开放了文物库房和信息中心，建立了博物馆的中英文网站，进一步扩大了博物馆的影响，这都是为了把博物馆还给社会，还给人民。

云南省博物馆现有以下八个部门，分别是：担负藏品收藏与保护的保管部；承担向社会公众介绍宣传博物馆展览的展览部；专门从事科研的研究部；主管国有文物鉴定和文物征集的鉴定站；负责博物馆网站运行和编辑出版馆刊《云南文物》及收藏各类书刊和信息资料的信息部；负责展览设计和制作的会展中心；提供后勤保障的办公室；担任全馆文物安全的保卫科。

云南省博物馆发展至今，已有54个春秋，它在文物收藏、研究、展览方面取得的成果令人瞩目，成为云南文博界的龙头，它正向着现代化、科学化、专业化管理的方向迈进。

流光溢彩　　滇国青铜

"元封二年，天子发巴蜀兵击灭劳浸、靡莫，以兵临滇，滇王始首善，以故弗诛。滇王离难西南夷，举国降，请置吏入朝，于是以为益州郡，赐滇王王印，复长其民。"

这是《史记·西南夷列传》中的内容，它提到的"滇"，就是公元前5世纪中叶至公元1世纪初，以今天昆明滇池区域为中心的古王国——滇国。滇国存在的时间有500年左右，域内的主体民族为滇族。据考古发现证明，滇族创造的青铜文化，与中原青铜文化有明显区别，具有地方和民族特色。云南青铜时代存在的时间大致是始于商代晚期，终于西汉晚期。

滇池区域青铜文化分布范围大致以今天的滇池为中心，东至路南、泸西一带，南到元江一带，西至安宁，并延伸到禄丰，北到曲靖、昭通一带。在这个范围内有大批反映滇青铜文化内容的墓葬出土，包括晋宁石寨山、江川李家山、曲靖八塔台、安宁太极山、官渡羊甫头等重要的墓葬群。其中晋宁石寨山6号墓出土了一枚"滇王之印"金印，印证了《史记·西南夷列传》中的记载。目前，已经发现的属于滇青铜文化范畴的青铜器超过了万件，按照使用功能的不同又可以分为生活用具、生产工具、兵器、乐器、装饰品等几大类。

滇国青铜器别具一格，许多器物上都有立体的或平面的纹饰，这些纹饰生动、自然和朴实，从自然世界和社会生活两个方面再现了一个真实的滇国。

真实再现的"战争"

战争是解决阶级与阶级、民族与民族、国家与国家、政治集团与政治集团之间的矛盾的一种最高的斗争形式。战争的硝烟弥漫在古今中外的历史长河中，也镌刻在古代滇

1. 战争场面贮贝器

国的青铜器物上。

　　从有关史籍的记载来看，滇国东边是夜郎国，西边是昆明国，北边是邛都国。各国之间为争夺疆土、奴隶、牲畜和财富，发生战争是常有的事情。尤其是滇国与昆明国（以洱海区域为中心）之间的战事最为频繁，"椎髻"的滇族军队与"编发"（又称"辫发"）的昆明族军队之间经常刀戈相向，战火连绵。

　　战争场面贮贝器，盖径为33厘米，通高53.9厘米，1956年云南晋宁石寨山6号墓出土，时代为西汉时期。古滇族使用海贝作为货币，由于海贝体积大，不易携带，因此滇族特地制造了专门盛装海贝的器物——贮贝器，其功能相当于现在的攒钱罐。战争场面贮贝器用两个铜鼓叠摞而成，盖上雕铸一组以古代战争为题材的图像，反映的正是滇族军队与昆明族军队交战的情况。在33厘米直径的盖面上，共雕铸了人物22个，马5匹。画面上的战斗非常激烈，战场之上骑兵往来奔突，步兵奋力厮杀。有人受伤倒地，痛苦挣扎；有人跪地求饶，缴械投降；更有甚者已身首异处，命丧黄泉……战事之残酷与激烈，生动地再现眼前。

　　鎏金俘获扣饰，高9厘米，宽15厘米，1956年云南晋宁石寨山13号墓出土，时代为西汉时期。扣饰是古代滇族的一种特有的装饰品，其背面有一个钩扣，略呈矩形，钩挂在人的身体之上，抑或某个器物之上，起装点和修饰作用。扣饰的价值就在于它丰富的思想性和独特的艺术表现力，并从实用价值的传统"束缚"中解脱出来，演变出另一种新鲜活泼的生命。圆形、方形、不规则形等，丰富的造型给予人们视觉上太多的享受；浮雕、镶嵌、鎏金、分铸、焊接等一系列工艺技术的使用，尤其是浮雕工艺的大范围使用，使得扣饰的装饰效果和艺术表现力大为增强。而在内容题材表现方面，古滇国艺术工匠们巧妙地把自然界的生存状态，当时社会生活、经济生活以及思想感情中的某个瞬间抑或某一次心

2. 鎏金俘获扣饰

灵的搏动融入作品中，让千百年后的人们从中还能感受到生命的存在。

鎏金俘获扣饰主体造型内容反映了一场战事之后，滇国军队满"载"而归的情景：两名滇族士兵作前驱后赶状，他们手中各拎着一颗人头，两人中间是一头牛、两只羊和一位背小孩的妇女。而在画面的最下方，一具无头尸体正遭践踏。战争的硝烟尚未完全散尽，胜利者已经开始启程，战争掠夺与杀戮的本质在这里显现无遗。在形体塑造时，把一牛二羊三人共18条腿塑造成运动状态，此举明显增强了器物的动态感，用写实的手法于作品咫尺之间表现战争，揭示战争，有事半功倍之效果。

大相径庭的"狩猎"

如今的云南号称"动植物王国"，古代也是这样。古代滇池区域气候温暖湿润，草木丰茂，为野生动物的大量生长繁殖创造了条件。这里生活着许多野生动物，大到虎、豹等猛兽，小至兔、雉等小型动物，丰富的动物资源为滇族开展狩猎活动提供了条件。滇国的经济虽然以农业为主，狩猎对于奴隶主贵族而言，不过

3. 二人猎猪铜扣饰

是闲暇娱乐的一种方式。他们狩猎的器材装备比较精良，持长矛，配短剑，驾坐骑，且衣饰华丽，猎捕的对象也不过是鹿这类不太凶猛、缺乏反抗能力的动物。但是对于滇国辖境内的中、下层人民来说，狩猎却是一项重要的生活来源，有着非常重要的意义。他们的狩猎器材和装备往往比较简陋，均为徒步狩猎，且衣饰简朴，猎捕的对象大多是虎、豹、野猪这类异常凶猛、反抗能力强的"猛兽"，因此他们往往结伴狩猎，需要靠集体的力量才能有所收获。

二人猎猪铜扣饰，长12.3厘米，高6.5厘米，1972年云南江川李家山13号墓出土，时代为战国时期。该扣饰采用写实手法，再现了滇族中下阶层狩猎者艰险的猎猪经历：一头硕大的野猪占据了画面近四分之三的位置，在它的后面一位猎人已经出手，并将一柄匕首深深地插入猪的后臀。又痛又惊的野猪拼命反抗，结果是前面另一位猎人被它张口齐腰咬住，双脚腾空，脸现惊惶之色，以至于本能地用双手死死抱住身前的一只猎犬，似乎在向其求救……

二人猎鹿铜扣饰，长12.5厘米，高12厘米，1972年云南江川李家山13号墓出土，时代为战国时期。该扣饰表现了两位滇国贵族猎鹿的场景，二人皆头饰长翎，身着盛装，各骑一马，各持一长矛，追猎两头鹿，并有猎

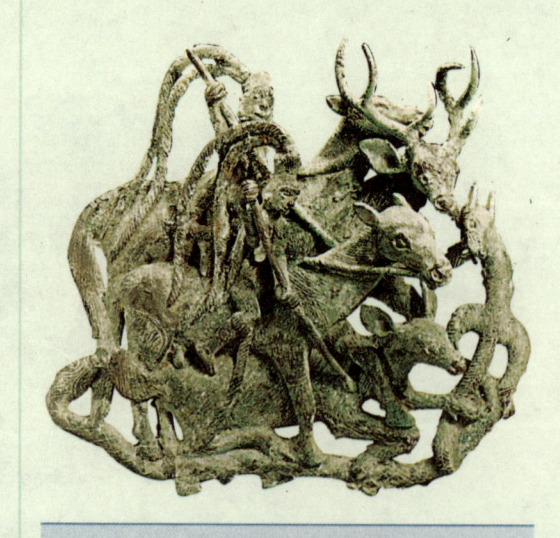

4. 二人猎鹿铜扣饰

犬相助。在此情势之下，两头鹿显然已经无路可逃，其中一鹿被刺中后倒地，另一鹿也身上受伤，在"劫"难逃……

原始残忍的"祭祀"

远古时期，人类对大自然缺乏科学的认识，认为万物有灵，因此对自然界中的一些动、植物和自然现象产生幻想，由恐惧到敬畏，再到崇拜。生活在云南的古代滇族，自然崇拜同样盛行，而这些自然崇拜几乎都要通过一系列或简单或复杂的祭祀活动来达到祈福避凶的目的，正所谓"国之大事，在祭与戎"。在已经发现的滇青铜器上，有关祭祀的场面屡见不鲜，崇拜对象涉及农业、生育、祖先等方面内容。而祭祀就是"信仰"和"崇拜"的必然结果，其中尤以杀人祭祀最为惊心动魄，归纳之大抵可以分为两类：一是用活人现场祭祀；二是将其他部落成员杀死

5. 剽牛祭祀铜扣饰

后，再把人头带回作祭品。

剽牛祭祀铜扣饰，长12厘米，高6厘米，1972年云南江川李家山24号墓出土，时代为战国时期。该扣饰表现了典型的滇族祭祀场面，一头犍牛被缚于一圆柱之上，即将被剽杀，牛角之上还倒悬着一名幼童，作痛苦挣扎状。惊心动魄的祭祀仪式即将开始，犍牛即将成为滇族祭祀鬼神活动的祭品，而幼小的孩童也将成为原始崇拜和信仰的牺牲品。

杀人祭祀场面鼓形贮贝器，器高38厘米，盖径30厘米，1955年云南晋宁石寨山1号墓出土，时代为西汉时期。该器的器盖之上雕铸了滇族为丰收而举行的祭祀活动场面，正中立一铜柱，柱顶端立一虎，柱中段盘绕二蛇，底部有一鳄鱼，而柱之左侧立有一碑状物，一裸体男子被反绑其上，另有两人或坐或跪，均为祭祀活动中的牺牲品。此外，还雕铸有男女数人，主祭者、行刑者、随从、侍者、护卫，等等，无不刻画得惟妙惟肖，生动精彩。

6. 杀人祭祀场面鼓形贮贝器

上层贵族的"娱乐"

拥有特权的滇国上层贵族在日常生活中是不会清心寡欲的，除了狩猎活动之外，他们还开展歌舞、斗牛等娱乐活动。

鎏金八人乐舞扣饰，高9.5厘米，宽13厘米，1956年云南晋宁石寨山13号墓出土，时代为西汉中期。

滇族是一个能歌善舞的古代民族，歌舞场面在已发现的许多青铜器上皆有反映，鎏金八人乐舞扣饰的发现，为世人展现了滇族舞蹈和音乐同台献艺的场景：八位艺人分为上、下两层演出。上层四人头戴冠冕，嘴里唱歌，手作舞蹈状，精神抖擞，翩翩起舞；下层四人很明显是伴奏的乐师，其中两人吹葫芦笙，一人吹短管乐器，一人抱鼓而击，用情至极……这样的场景与现代的舞台演出极为相似，台上（上层）是舞台，台下（下层）是乐池。鎏金八人乐舞扣饰展现了一千多年前滇族的歌舞晚会。在当时的滇国，有幸出席这样一台歌舞晚会的，不是王室成员及其

7.鎏金八人乐舞扣饰

云南省博物馆

大小官员，就是贵族、富绅之流，普通平民百姓和奴隶们是不会有这份"福气"的。因此，与其说这是一台滇族的歌舞晚会，倒不如说是一台滇国贵族的歌舞晚会更恰当些。

斗牛扣饰，高5.5厘米，宽9.5厘米，云南晋宁石寨山6号墓出土，时代为西汉时期。该扣饰正面为一斗牛场看台模型，共分为上、中、下三层。上层跪坐十人，正在聚精会神地观看；中层有九人，其中八人为观众，中间一人正在打开下层小门，放牛出来；下层有八人；牛已经从小门中冲出，一场惊心动魄的斗牛表演即将开始……斗牛习俗，至今在云南部分少数民族中仍然盛行，主要是在一些节庆日举行，为了娱乐，也为了比试养牛者的喂养水平。从斗牛扣饰的现场情况来看，筑有围墙和看台，显得相当正规，显

8.斗牛扣饰

然不是普通的民间斗牛表演,很可能是专门为奴隶主贵族们举办的斗牛表演。

命运悲惨的"奴隶"

滇国的奴隶来源主要有两种:一是战争中的俘虏;二是被征服的民族,其中尤以"编发"(也称"辫发")的"昆明族"为多。因为昆明族所建立的昆明国与滇国之间的战争常年不断,双方俘获对方的士兵,掠夺对方的人口是常有的事情,而俘获和掠夺来的人口,绝大部分成为供奴隶主贵族驱使的奴隶。

吊人铜矛,通长41.5厘米,1956年云南晋宁石寨山6号墓出土。该矛的基本形制与普通矛无多大区别——刃部平面呈等腰三角形,后锋作锐角,但不同凡响的地方就在于刃部近柄两侧的装饰,两位缩小了比例的圆雕裸体人分别被倒缚于矛上,他们头低垂,身弯曲,面部表情显得既痛苦不堪又无可奈何。在这里,艺术工匠们巧妙地把握这瞬息的凝聚,以极其简练的形式再现一段历史抑或一种艺术。为了维护既得的特权和利益,古滇国上层统治阶级对奴隶的"惩罚"是残酷而冷

9. 吊人铜矛

云南省博物馆

漠的，两位辫发而赤裸的外族"昆明人"奴隶被残忍地悬吊于兵器之上，使器物平直的线条变得立体而富于观赏性。据考证，吊人铜矛是仪仗兵器，两个被缚吊的奴隶形象，就是滇国奴隶主贵族至高无上"权威"的象征。

滇国时期的奴隶，除大部分来源于外族，还有少部分来源于本族内部。

持伞铜俑表现的正是一位滇族奴隶的形象，该俑1956年云南晋宁石寨山13号墓出土，为男性，呈跪状，高55厘米，头发为"椎髻"（为滇族的特有发型），双眼圆睁，平视前方，面无表情，似在发愣，又似心事重重，双手向前，握住一把大伞，伞高102厘米，很显然这是一位在奴隶主身后执伞的奴隶。

古"乐"声声

从目前考古发现的情况来看，滇国青铜乐器主要可分为打击类和吹奏类两种。打击类乐器包括铜鼓、编钟、铜锣等，吹奏类乐器主要以葫芦笙为主。

铜鼓是一种比较特殊的青铜器（基本的形体特点：鼓面平整，胸部曲鼓，腰部曲收，尾部渐伸，无足，胸与腰之间有四对称耳，内腹中空），长期流行于中国南方一些地区以

10. 持伞铜俑

带你走进博物馆

及东南亚一些国家。铜鼓的体积不一，大的直径超过100厘米，数百公斤重，小的直径仅十余厘米，数十公斤重。研究成果证明，铜鼓在古滇国时期是一种乐器，1976年云南楚雄万家坝23号墓出土的四件早期铜鼓，经权威机构测定，相互之间存在小三度、纯四度、大二度、小二度的音程关系，音响效果已经达到了一定的水准。此外，铜鼓还作为一种人神交际的媒介，长期为上层统治阶级把持，是他们拥有权力和财富的象征。

船纹铜鼓，通高47厘米，面径68厘米，足径84.5厘米，1919年云南广南阿章寨出土，时代为西汉时期。该鼓铸造精，纹饰美，鼓面饰十四角光芒的太阳纹，其外分五晕，饰多种几何图案；胴部饰船纹，共有四组，每船上表现人物四五人，人物头上戴羽冠；腰部则饰椎牛纹、鸟纹、舞人纹等，显得生动而自然；胴部和腰部之间有四耳。该鼓造型端庄，纹饰精美，光泽闪亮如新，边边角角皆铸造得规整、圆滑，铸工之精细，纹饰之美奂，令人赏心悦目。

编钟是中国古代一种打击类乐器，其使用方法是，在一个木架之上顺序排列一系列铜钟，以木槌击奏，美妙动听的音乐就如潺潺流水，绵延而来。中国

11．船纹铜鼓

带你走进博物馆

云南省博物馆

古代称铜为金，铜是一种较为珍贵的金属，因而用铜打造的编钟，大多流行于王公贵族之中，民间甚少使用。汉代以后，由于铜产量渐稀，加之瓷器兴起，铜器逐渐衰落，编钟亦不例外。编钟是中原青铜文化的产物，滇国作为汉王朝的臣属小国，在许多方面追随、尊崇汉制是可以理解的，使用编钟也是顺理成章之事。不过在一些看似微小之处，滇国编钟显现出其与众不同的地方特点。目前一般的观点认为，中原编钟一组多为奇数。然而考古发掘证实，滇国的编钟则多为偶数，而且形制有所变化。

滇王编钟，一组共有六枚，尺寸按大小依次为通高42厘米、33.5厘米、32.8厘米、31.8厘米、30厘米、29.5厘米，1956年云南晋宁石寨山6号墓出土，时代为西汉时期。此组编钟因与"滇王之印"金印同墓出土，所以人们又习惯地称之为"滇王编钟"。滇王编钟各枚除尺寸各异外，形制和纹饰基本相同。钟体呈椭圆形，上宽下窄，纽呈半环形绳纹状，口平齐。钟面饰对称之双龙纹，近唇处饰一圈云纹和绳纹。器物造型规整，纹

12. 滇王编钟

饰华丽，数量虽不多，但大小依次，气度不凡。该组编钟的发现，同时也反映了中国传统礼乐制度对滇王国的影响。

滇国青铜乐器中，吹奏类乐器以葫芦笙为主。笙是中国古乐器之一，属"八音"乐器。以葫芦作音斗的葫芦笙则属于"八音"中的"匏音"。从古到今，云南许多民族皆以葫芦笙作为乐器，载歌载舞。葫芦笙产生的具体时间目前尚无法考证，不过从出土的滇国青铜葫芦笙的情况来看，时间至少不会晚于战国时期。滇国墓葬中出土的青铜葫芦笙，大抵可以分为曲管和直管两种。

牛饰曲管葫芦笙，通高28.2厘米，1972年云南江川李家山24号墓出土，时代为战国时期。该件葫芦笙的音斗部分仿葫芦形状制成，器体正面开有五个孔，背面开有一孔，孔内原来应插有竹管，可惜出土时已经腐朽无存。上部为曲管，曲管上开一小孔，并于顶部焊接一头小牛形象。牛呈站立状，角长而内翘，长尾拖于地，显得娇小、恬静而可爱。好像小牛是从器底一直攀爬上来，至顶部时由于重量的作用而使得器管自然弯曲，造型之奇特，构思之精妙，令人拍案叫绝。

13. 牛饰曲管葫芦笙

云南省博物馆

动人心魄的"兽斗"

滇国境内动物资源丰富，滇国艺术工匠们通过仔细的观察，把自然界中动物之间搏杀与猎食的场景真实地记录下来，创作成一件件艺术品，生动、自然、逼真，感染力强，令人目不暇接，荡气回肠。

三狼噬羊扣饰，高8厘米，宽14厘米，1972年江川李家山出土，时代为战国。该扣饰以写实的手法，表现了一个自然界生死搏杀、弱肉强食的场景：一长角山羊在旷野中遭遇三只饿狼，一阵短暂的对峙之后，山羊就被饿狼扑翻于地，一狼攻击羊的脖子，一狼攻击羊的背，而另一狼则拼命撕咬羊的后肢……在这里，山羊无疑是弱者，已经无力反抗，哀叫之声响彻旷野……自然界的生死规律在这里被古代艺术工匠们表现得淋漓尽致。

牛虎搏斗扣饰，长14厘米，高9厘米，1956年晋宁石寨山10号墓出土，时代为西汉时期。牛是一种草食动物，性温和；虎则是一种肉食动物，性凶猛。牛与虎在自然界中为生存而展开殊死搏斗，这在大多数人眼

14. 三狼噬羊扣饰

15. 牛虎搏斗扣饰

中也许是一场力量对比悬殊的较量，但是牛虎搏斗扣饰却正在告诉大家另外的一种可能：当饿虎遭遇犍牛时，一阵短暂的对峙之后，垂涎三尺的饿虎扑向了猎物。本以为手到擒来的一顿美味晚餐，会因为犍牛突然地疯狂抵抗而变得复杂乃至于凶险起来。尽管饿虎已经死死咬住犍牛的前腿，使之基本丧失了继续奔逃的能力，但是它的腹部也在搏斗过程中被犍牛的利角戳穿，且肠子都已经流了出来……搏斗几近惨烈，胜败即将产生，生死即将界定，但究竟谁胜谁败，谁生谁死，至少现在还是一个谜……应该说，古滇国艺术工匠们的观察力是十分细致的，能把自然界生死瞬间上升为艺术作品。奋起的牛角，卷曲的兽尾，狰狞的面目和飞舞的爪牙，每一个细节都刻画得贴切、逼真，同时又动感十足，仿佛搏斗双方的每一寸毛孔都在战斗……

拟人的艺术品

滇国艺术工匠们在真实地再现自然界现象的同时，也开始尝试以自己的主观思维来表现一件作品，甚至改变一件作品。这样的"改变"在古代人看来或许是不可思议，甚至是离经叛道的，但是以今天的目光来审视，我们却不得不为古滇国艺术工匠们的才智与胆识击节叫好。

猛虎背牛扣饰，1956年晋宁石寨山12号墓出土，长13厘米，高9厘米，时代为西汉时期。该扣饰表现了这样一个场景：夕阳西

16. 猛虎背牛扣饰

带你走进博物馆

云南省博物馆

下时，一只猛虎背负着猎杀的一头牛行进在旷野中，两只小虎一前一后紧紧跟随，一顿可口的晚餐即将开始，饥饿的诱惑让老虎一家兴奋不已，并充满了希望……

我们知道，四足大型猛兽在猎杀了猎物之后，往往用嘴和四肢配合搬动猎物，而背负猎物这种行为显然不是猛兽们的意识所能决定的。因此在这里我们有理由相信这是一件拟人化的艺术品，"猛虎"比拟"家长"，"小虎"比拟"孩子"，大人狩猎归来，小孩一旁嬉戏，这样的解释是否更为贴切一些？以写实为基础，又在写实的基础上展开想象，并有所突破，猛虎背牛扣饰的思想性和艺术性自然也就更上一层楼了。

鎏金群猿扣饰，1956年晋宁石寨山16号墓出土，时代为西汉时期。该扣饰中间呈一圆盘状，直径13.5厘米。盘正面微凹，中间镶嵌红色玛瑙珠一粒，其余镶绿松石。一个

17.鎏金群猿扣饰

鎏金盘状物，镶嵌玛瑙和绿松石，这是古滇人装饰青铜扣饰的一种独特的工艺。精彩纷呈、引人入胜的地方还远不止于此。在器物的边沿四周，十只一般大小的猿猴首尾相连，各伸出右前肢挽住前面的同伴，以拟人化的方式组成一个动静结合的环形图案。猿猴的面部表情均显得轻松而愉悦，似乎正在举办一个欢乐的聚会。由于十只猿猴出色的"演出"，使得器物的动感与美感陡增。

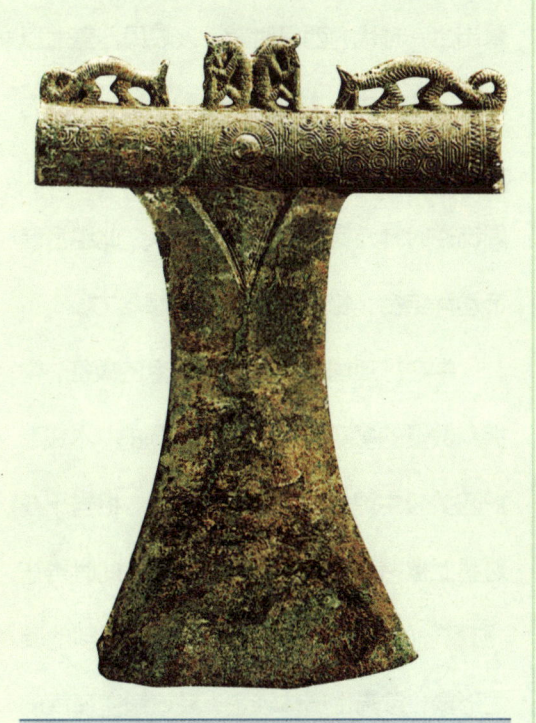

兽饰铜斧，1956年晋宁石寨山12号墓出土，长17.2厘米，刃宽10.8厘米，銎径2.2厘米，时代为西汉时期。该铜斧为仪仗兵器，双面刃，圆筒形銎，銎上雕铸立体四兽，其中两端各一兽，相向而行。有趣的是，滇国艺术工匠运用了拟人化的手法，把中间两兽描写、夸张得几近人形，而且形体语言表现得就像一对热恋之中的情人似的，互相背靠背而坐，头分别枕于膝上，面带微笑，作快乐幸福状，感染力十足，引人入胜……

18. 兽饰铜斧

牛"趣"盎然

滇国的经济虽然以农业为主，但是畜牧业也比较发达。从出土的滇国青铜器上所反映的情况来看，滇国的畜牧产品主要为牛、

云南省博物馆

马、羊、猪、狗等，其中又以牛的形象最为多见。这些牛的形象，或出现在扣饰上，或出现在贮贝器的器盖上，或焊接在滇族兵器的銎部，或干脆就以牛的躯体甚至于牛头为造型。

鎏金骑士虎耳贮贝器，器高50厘米，盖径25.3厘米，1956年云南晋宁石寨山10号墓出土，时代为西汉时期。该贮贝器盖上以立体饰物为主，大致可以分为两层，中间为一鎏金武士形象，佩剑乘骑，威风凛凛，四周饰逆时针方向运行的公牛四头。此组合装饰动静结合，错落有致，极富想象力。

牛在古滇国时期是一种财富的象征，牛拥有数量的多寡是人们争富斗阔的"本钱"。把四头公牛焊接在贮贝器器盖上，相当于在财富上摞财富，本身就寓意深刻，此时再在"财富"的重重包围中垫高一佩剑乘骑的骑士形象，且骑士通体鎏金，其奴隶主贵族的身份与权力由此也展现无遗了。

19.鎏金骑士虎耳贮贝器

牛虎铜案，高43厘米，长76厘米，宽36厘米，1972年云南江川李家山古墓群24号墓出土，时代为战国时期。该器的造型为二牛一虎，主体为一头大牛，站立状，牛角飞翘，背部自然下落成案，尾部饰一只缩小了比例的猛虎，虎作攀爬状，张口咬住牛尾；大牛腹下中空，横向套饰一头小牛，也呈站立状。用范模铸造，大牛和小虎一次成型，而小牛则是另铸，再焊接。

牛虎铜案是滇族的一件祭器，造型集牛、虎于一体，甚是奇异。从美学价值来看，立意独具匠心，想象力颇为丰富，大小比例搭配合适，且形体塑造动静结合，视觉效果相当不错，令人赏心悦目。从力学原理分析，小虎装饰于大牛的尾部，且虎的后腿紧蹬大牛的后腿，使得器物的重心明显后移，再在大牛腹下焊接一头小牛，加大器物自身的重力，器物因追求美观、奇异而下盘略显轻浮不稳的问题也得到了解决。牛虎铜案可以说几近完美。

20.牛虎铜案

南诏大理　　佛教艺术

妙香佛国的出现

在昆明往西400公里的大理，山水相连的地方耸立着许许多多的佛塔，成为了独绝天下的一处景致。这是南诏、大理国的故地，元代的郭松年在他的《大理行记》中写道："然而此邦之人，西去天竺为近，其俗多尚浮屠法，家无贫富，皆有佛堂，人不以老壮，手不释数珠。一岁之间，斋戒几半，绝不茹荤饮酒，至斋毕乃已。沿山寺宇极多，不可殚记。"

传说在佛教传入以前，大理地区"人民稀少，陆寡水多，半为罗刹所据"。

有妙香国老僧自西来，"身披袈裟，手牵一犬"，向罗刹要袈裟一展、小犬四跃之地，罗刹欣然应允，结果"袈裟一展，遍周四界，令犬四跃，达乎四境"，罗刹反悔，被老僧打败，禁于苍山之中，"世谓观音大士之应化云"。

21. 银背光金阿嵯耶观音立像

云南省博物馆

这位传说中的梵僧观音，在南诏晚期绘制的《南诏图传》中，摇身一变，成为了辅助南诏建立的神仙，同时有了一个中印结合的名字——阿嵯耶观音。在这个俨然神话的南诏创世史中，这位身披袈裟、牵着小犬的梵僧，出现在巍山的农户细奴逻家中，受到细奴逻一家的尊崇。他便利用各种神迹降伏了众人，更在当地最隆重的祭铜柱大典中现

23.木雕彩绘比丘立像

22.水晶阿閦佛坐像

出真身，把细奴逻推上了首领的宝座。细奴逻由此发迹，最终建立了一个与唐朝相并存的小王国。这样的故事一旦成为官方宣扬的历史，佛教也就自然成为了国教。今天我们在许多文物古迹中都能见到这位西来的梵僧，也能找到不少来自印度的文物。

带你走进博物馆

天龙八部的故事

大理国取代南诏后,佛教更盛。从937年段思平建国到1254年为元所灭,大理国共有22代君主,其中就有9位禅位为僧,开创了

24. 彩绘帝释天部众壁画

25. 木雕多闻天王像

中国历史上绝无仅有的"帝僧"王国。这时的云南,成为真正名副其实的"妙香佛国",这些帝僧,成为金庸小说里绝好的素材。

金庸先生善读史、会用典,天龙八部本是佛以外的天神、龙王、夜叉等神鬼的总称,佛经名曰"非人",信手拈来,便幻化出世间

万象。在佛经里，天龙八部中最上层的，是帝释天。吴道子曾绘《送子天王像》，画的就是帝释天，可见天便是帝王，是释迦牟尼时代各个邦国的君主。在这里，帝僧们无疑是帝释天的代表。

大理地区自古多水患，因此在云南的佛塔常以金翅鸟为饰。金翅鸟又名大鹏金翅鸟，梵名迦楼罗，传说能日食龙三千，能镇水患。龙王紧那罗不能忍受，求诉于佛前，二者得佛点化，均成为天龙八部中一员。迦楼罗护卫佛头，紧那罗善于音乐，常侍于佛左右。

27. 铜鎏金槭金刚立像

26. 银鎏金嵌珠金翅鸟立像

藏在佛塔里的宝藏

南诏、大理国的君主们尊崇佛法，动辄修寺建塔礼佛，据说大理地区曾号称有"兰若八百，迦蓝三千"。按史料记载，南诏、大理国铸造佛像更为频繁：劝龙晟"铸佛三尊，送佛顶寺，用金三千两"；隆舜"用金造观音一百八像"；舜化贞"铸崇圣寺丈六观音"；郑买嗣"铸佛一万尊送佛顶寺"……大理国的开国之君段思平更是"年年建寺，铸佛万尊"。

28. 铜鎏金三塔模

历经金戈铁马、世事沧桑，如今当年修建的寺宇多已不存，留存下的塔也不过十之一二。当年铸造的数以万计的佛像，也大都散落在历史的尘埃中。1978年，在修缮大理地区最著名的三塔时，在主塔千寻塔里的一个意外发现，使得这个佛国遗留的一点余光，重新唤起人们去关注那段辉煌的时光。

云南的塔有些与众不同，它没有地宫，重要的宝藏都藏在塔刹里。在1925年的大理大地震中，千寻塔的塔刹内部分藏宝掉落，可惜很快散佚。在开始修缮时，没有人对塔里还有文物报有希望，但当考古工作者登临塔顶时，却意外地发现大理国时期放入的各种文物580余件，其中南诏、大理国时期的金银铜等造像153尊。此后，又陆续在佛图寺塔、弘圣寺塔等古塔中发现一些佛教艺术品，这些发现，成为了解云南佛教文化艺术最重要的资料。

佛像的背后

传说中的妙香佛国从这些宝藏中折射出绚丽的光辉，云南的佛教艺术品往往体量不大，却异常精美。当年铸造那些佛像，得以历尽波折的不过万中之一，但无论是纯金还是鎏金，虽时隔千年，仍旧展现着独特的魅力。佛像所具有的祥和质朴的笑容，让专家们不禁给他们起了一个颇有人情味的名字——大理佛。

佛是佛教的基础，大理佛造像的主流自然是佛像。千寻塔里发现的153尊造像中有佛像64尊，他们造型各异，按不同的手印，可以辨别出分别有大日如来6尊、阿閦如来13尊、宝生如来2尊、阿弥陀佛25尊、不空如来10尊。他们合起来被称"五方佛"，是密宗最主要的崇拜神祇。

29. 木雕莲花龛一佛二侍像

30. 金织髁

31. 五色舍利塔模

YUNNAN PROVINCIAL MUSEUM

密宗是佛教流传中一个重要的流派，大约公元6世纪在印度兴起，7世纪时最盛，流入中原、西藏和云南等地，风行一时。它注重仪轨和修行，与后来中国广为传布的显宗相对应，现在西藏保留的藏传佛教就是密宗。南诏大理国的佛像，连同和他们一起出现的经咒、曼陀罗，展现出当时云南的文化与宗教思想，也是我们了解早期密宗珍贵的资料。

32. 金阿閦佛坐像

33. 银大日如来坐像

观音的传说

在佛陀以外，在南诏大理国最重要的神祇就是观音。目前在大理佛中发现的观音造像数量之多，种类之丰富，俨然与佛陀分庭抗礼，直至今日，大理对观音的崇拜依然有增无减，呼为"拜观音"。

34. 金弥勒佛坐像

35. 铜鎏金不空如来坐像

除了云南独有的阿嵯耶观音，在南诏大理国造像中还有扬枝观音、水月观音、净水观音、四臂观音等各种观音的形象。按《张胜温画卷》中出现的题榜及绘画，至少当时的云南崇拜16种观音。

同样，在古代大理的神话传说中，观音

36. 漆鎏金阿嵯耶观音立像

37. 银净水观音坐像

38. 铜鎏金六臂观音坐像

有重要的席位。现在大理有大石庵,有观音负石退唐兵的传说。更多的时候,观音充当了治水、救命、医病等救苦救难的角色,甚至还做过红娘。您来到云南,也许还能听到更多关于观音的传说。

红土高原　　水墨丹青

云南省博物馆

　　云南省博物馆珍藏的书画作品以明、清时期的居多。由于古代交通不便,很多优秀的云南本土艺术家及其作品不为人知,他们用自己的画笔和聪慧为这片红土高原写真、传神,显现了边疆文化艺术的魅力。

　　本馆收藏绘画时代最早的作品是北宋时期郭熙的《溪山行旅图》,图中近景溪水清浅,岩石裸露,树枝蟠曲,形似蟹爪;远处杂树繁茂,楼阁隐现,谷中泉水涓涓,流向溪中;深远处群峰朦朦胧胧,意境深邃,右下方署"臣郭熙"三字款,左上方有乾隆皇帝题画诗:"河阳行旅曾题句,彼似非真此是真,既曰似应犹未定,真呼欲问彼行人。"紧接题跋:"向有题郭熙雪山行旅诗,图中既无款识,笔墨亦觉纤韵,因未入石渠宝笈之奇。此图古淡雄简,似是河阳真迹,然细观题名又似后人补署者,仍致疑当故诗句及之。戊戌季秋月中,御题并识。"先看过郭熙雪山行

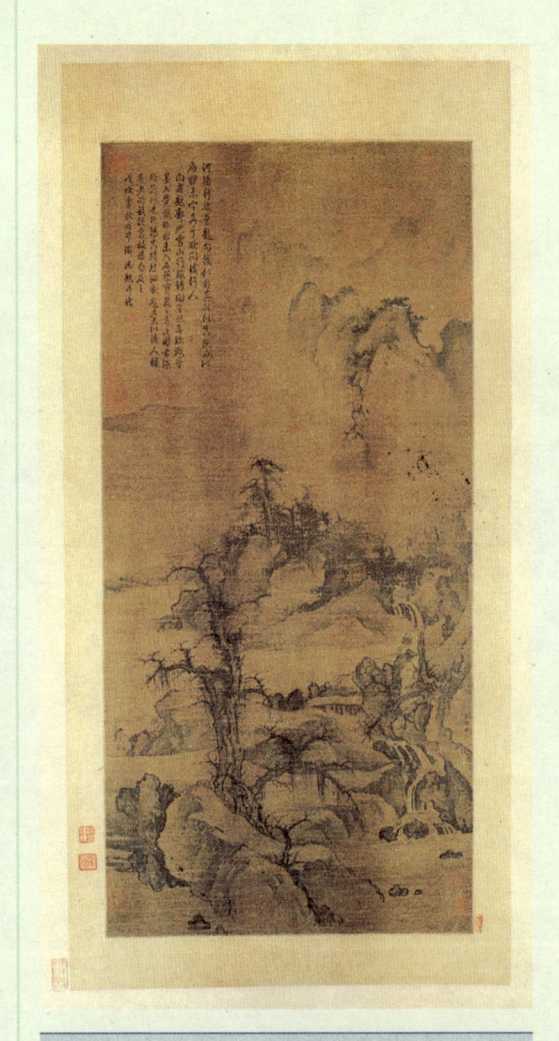

39. 郭熙《溪山行旅图》

旅诗，无款识，笔墨纤弱，未入"石渠笈"。从构图、山势、云烟、树木的笔法看均是郭熙的法度，右下方后人添款反误真伪之疑，这也是乾隆皇帝题跋之意。图中钤有明代收藏家司马塱"兰亭布衣"、清初收藏家梁清标"棠村审定"、清"石渠宝笈"及清内府等印鉴。

作者郭熙，字淳夫，河阳温县人（今河南孟县），神宗熙宁元年（1068年）奉诏进入宫廷画院，是一位出色的山水画家，曾经下功夫学习过李成的画法，饱览名山大川，吸取大自然之美，成为有独特创造的山水画大家，并自成一家。就其笔墨技法来说，他在李成、范宽等人的艺术成就上加以发展和变化。李成等大家们作画以水墨为主，在水墨中渗以少量的色彩来表现森林与明暗，但郭熙却全用水墨来表现，达到了墨分五色的效果。在具体笔墨技法上的特点，石法圆润，多卷云皴；树多虬枝，形似蟹爪。在表现手法上吸收了"南方山水画派"的特点，表现出一定的水分，因此比李成等人的画较为秀润。

元代取消了画院制度，只留少数专业画家服务于宫廷，但在画坛中却出现了一部分身居高位的士大夫画家和一些隐居不仕的文人画家，这也是"文人画"兴起的显著特点。元代中后期，黄公望、王蒙、吴镇、倪瓒四家，在山水画方面作出了重大的贡献，被称为"元季四家"。其中黄公望笔墨技巧的变化更加完善，山水画的表现技法，曾在画坛产生了很大的影响。他开创了浅绛山水画技法，并把它推向了一个较成熟期，使这一技法流传至今。黄公望（1269～1354年），字子久，号一峰、大痴道人等，江苏常熟人，曾为中台院掾吏。他的作品有浅绛与水墨两种面貌，浅绛山水浑厚圆润，水墨山水则潇洒苍秀，笔墨洒脱，境界高旷。

云南省博物馆

脚下庭院积雪寂无一人，湖面上的小舟刚离去，舟中人物缩颈拢袖之状，烘托出清寒萧瑟的气氛。全图笔墨简淡，仅在深凹处略加皴擦，敷以浅绛色，天空用淡墨渲染，同时显现出山顶的积雪与夜幕的降临，突出了故事中王微之"乘兴而行，兴尽而返"的主题。图中题款："至正九年正月□王贤画，二十五日题。大痴道人时年八十有□。"就题款中残缺字考证为："至正九年正月为王贤画，二十五日题。大痴道人时年八十有一。"当是他去世前的珍品。

王铎（1592～1652年），字觉斯，号嵩樵，孟津（今属河南）人，是明末清初书法家，明天启进士，累官礼部尚书、东阁大学士。入清后至礼部尚书。工写真、行草书，得力于钟繇、王献之、颜真卿、米芾。笔力雄健，长于布局，他的书法造旨颇得后世名家的好评。本馆藏《王铎草书》轴："不敢淮南卧，

40. 黄公望《剡溪访戴图》

《剡溪访戴图》是黄公望晚年佳作，取材于王微之到山阴剡溪访戴安道的故事。作者采用了"借底为雪"的艺术技法表现群山被大雪覆盖，雪中伸出的枝桠用浓墨点写，山

来趋汉将营。受词瞻左钺，扶疾拜前旌。井税鹑衣乐，烽至掩孤城。晚日当千骑，秋风合五兵。孔璋才素健，早晚檄书成。"落笔苍老劲健，力透纸背。通篇以纵笔取势，收放有度，一气呵成，不失王献之开张之势。与书法内容融会一致，成为一幅意、气、形、神统一的优秀作品。云南因地处边陲，战乱频仍，明以前的书画作品屡经兵燹或其他原因的损毁，未能保存留传。从大量清代作品中我们可以看到云南艺术家们用心去创作的精品，并不逊于中原大家。明末清初之际，云南作为南明王朝最后的一块根据地，大量遗民涌入云南，同时也把中原先进的文化带入云南，推动了云南文化艺术的发展。其中云南僧人担当，集诗、书、画于一体，在这片红土高原上独树一帜，时人誉为"三绝"。

担当，俗姓唐，名泰，字大来。明万历二十一年（1593年）三月，出生于晋宁县，清康熙十二年（1673年）十月，卒于云南大理感通寺，年八十一。《徐霞客游记》中曾记述，担当祖籍为浙江淳安，国初从戎于此。担当祖辈代代读书为官，他的父亲懋德做过明朝陕西临兆同知。因此担当从小用功读书，受家庭的熏陶和父亲的教诲，13岁随父上京应选时，诗赋文章就已显锋芒。33岁（天启六年）时，到北京应试落第后，便借此机会漫

41.王铎草书

游江南，寻师访友，拜董其昌学习书法绘画，与李维桢谈诗论著，并结识了江南名画家陈继儒，又到绍兴拜访了湛然禅师，开始接受佛教思想。崇祯元年（1628年），担当从南京回滇，正值黔省"安奢之乱"，道阻难行，几年后他历尽艰辛，"茧足万里"回到云南，开始了山水画的创作。

担当早期作品中无论是绘画还是书法，其构图、笔墨运用、点画、布局行气都继承了师传。不同的是他的艺术生涯是处在明清政权交替之际，他和所有明代遗民一样，不满清政府的统治，在自己的生活道路上选择了逃禅的道路，到云南鸡足山出家为僧，释名普荷，后改通荷，号担当。他虽选择了出家的道路，心中却非常关心政治斗争，在他的诗作、书画笔墨间都渗透着许多高尚的民族气节。他曾在一幅题画诗中写道："危峦不可望，过眉有主杖，鸿鹄即低飞，志亦在天上。"此诗反应了时代的遭遇和他挺拔的风骨。在李定国辅佐南明王辗转西南之际，他绘制了"太平有象"图，画中那位清瘦的老和尚用怃盼的神情遥望彼岸，期待而炯炯有神的眼睛，刻画了他的人生经历和倔强的个性，因此当为他的自画像。由于时代的转变和个人经历的影响，担当把长期埋藏在胸中的坚韧、挺拔的风骨融于他的艺术作品中。到了晚年，他打破传统观念的束缚，超越了他老师的艺术理论，山水画笔墨简率、放纵，用生辣峭僻的笔锋发展了董（董其昌）、倪（倪瓒）一派的水墨技法；书法笔墨奔放豪迈，气势磅礴，显示了他倔强的性格和铮铮傲骨的豪纵之气，最终形成了自己独特的风格。《高士图》构图深远，寥寥几笔，人物、树木、山峰，似一蹴而就，笔笔斩钉截铁，而意境幽深，人物情趣万千中还包含了一丝生拙之趣。《担当草书》轴写一首七律诗："春来无日不狂游，折得名花插满头。一自为僧天放我，而今七十尚风流。"行笔老辣，豪情奔放。全诗分四行，每行八个字，每行之间根据八个字的笔画多少，与字的宽窄长短，排列得错落有致。字与字之间的连笔和笔断意连的来往运行路线，明显顺畅，在章法上表现出一种任情所至，意在笔先，顺势而动，随笔所至的自然行为。看不出有丝毫精心设计的痕迹，充分体现了融贯一致的气势。整幅结构显得稳健匀称，字与字之间，行与行之间有很多微妙的呼应和联系，构成了一个整体。同时在整篇的气势中使人感到有一种浓郁的"和尚味"，也就是通常说的"禅味"。

晚明时期，在士大夫中禅风盛行，董其昌对禅宗极其投入，在书法美学思想上很大程度地受到禅宗的影响，因而追寻对世事利害关系的超越，提倡"平淡"的艺术风格。担

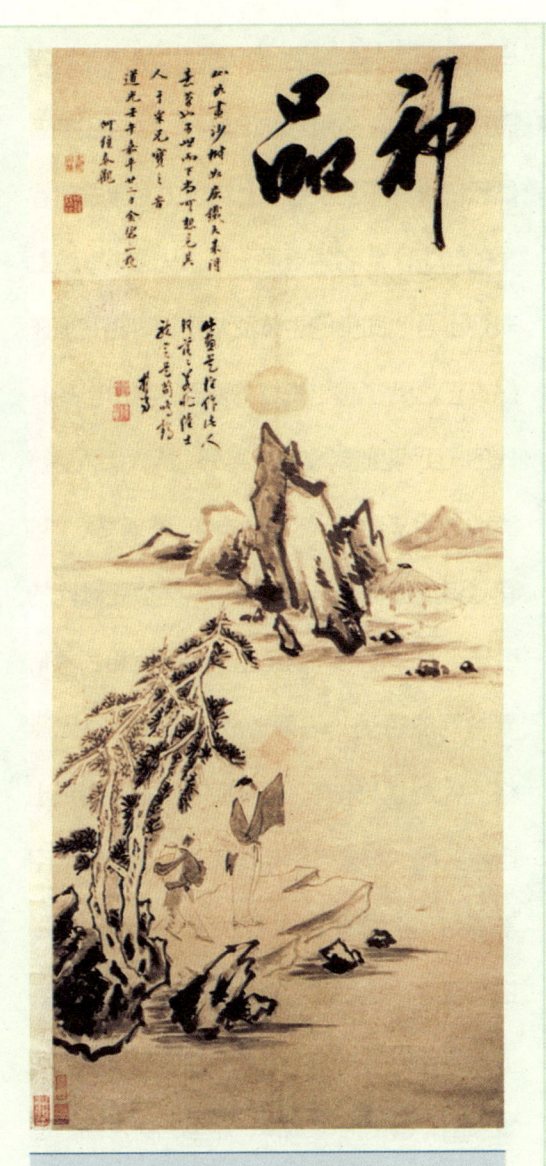

42.担当《高士图》

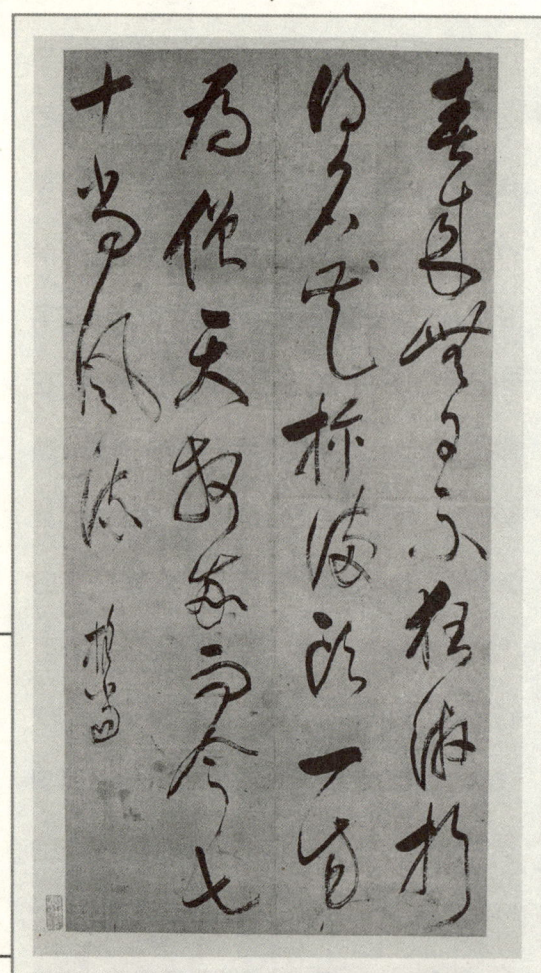

43. 担当草书

当在跟随董氏学习书画的同时也接受了禅学思想，因此在道阻不能归之时，至浙江参湛然云门禅师于显圣寺。上鸡足山为僧后对禅学的认识比他老师更胜一筹，从思想本源上表现出吾心即佛的主体反叛意识，使书画作品真正达到了超尘脱俗的境界。与担当同时代的"江南四僧"弘仁、髡残、八大山人、石涛均为明末遗民，都深通禅学，寄情书画，各有独特的造旨。他们和担当一样遭受时代的变迁，选择了相同的道路，对环境和艺术有着共同的感受，因而形成了共同的时代风格。八大山人朱耷，他早期的山水画也是出自董其昌，与担当早年作品很相像。晚年用笔刚劲，构图奇险，境界荒寂，笔画简略；担当晚年笔法趋向老辣，笔墨和构图简略到了高度的概恬。八大山人的行草书也是宗法董其昌，善用秃笔藏锋，运笔圆润刚劲；担当多用折笔，行笔跳荡飞跃，更加放纵老辣。

八大山人的书画名震江湖，担当的作品却因久卧山林鲜为人知。他的作品令人百看不厌，无论诗、书、画均有旷世佳作。

担当的外甥朱昂，绘画技法最能继承其衣钵。朱昂，字子眉，清初昆明人。清初因避难，担当把他带到鸡足山为僧，释名把茅，后来还俗。他跟随担当学习诗、书、画，尤山水画继承担当且能变通。《冷云散尽图》轴，岩壑幽深，笔墨丰富，构图虽显繁复，而疏朗错落的布局使整个画面既显闲适雅逸，又有磅礴之势。人物用笔简略，其身形、面部点划均取法担当。

在云南的遗民艺术家中，白丁绘制的《兰花图》也颇受世人喜爱。白丁，字过峰，一字行民，明楚王后裔。明亡后，披剃游滇，

44.朱昂《冷云散尽图》

45.白丁《兰花图》

居无定所，晚为香海庵僧人，年八十殁于昆明。工写兰花皆以水墨为主，刚劲挺拔，傲然独立。所创作的兰花，皆以旷野空谷为背景，兰叶以草书笔法写出，潇洒挺劲，疏密有致，水墨浓淡相宜，长时期受到云南人民的好评。

陶廷，字紫阆，号不退，又号稚圭，自称天台居士，云南姚安人。万历三十八年（1610年）进士，官至武昌兵备道。曾居住在鸡足山，在白井庵大觉寺读书，临摹古帖于楞枷室，书法与邢侗齐名。善交友，和董其昌、陈继儒经常诗文唱和。馆藏《陶廷行书》轴"春月秋风老此身，一瓢长醉

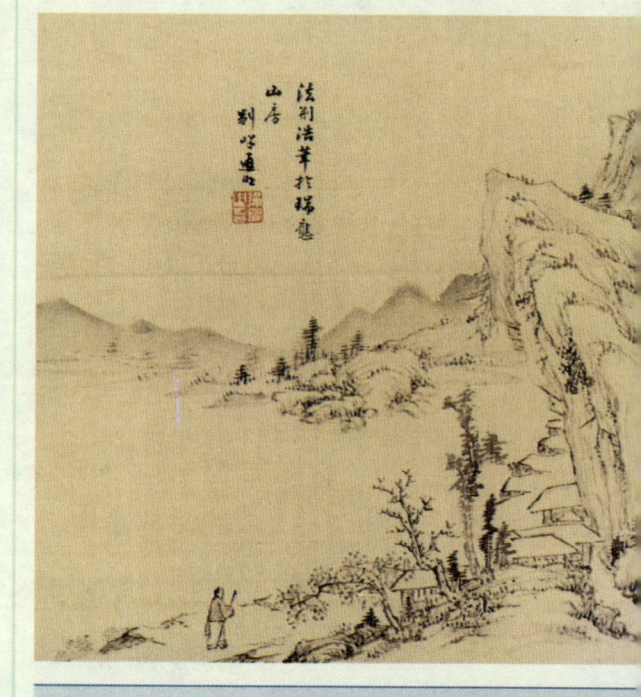

46. 陶廷行书

47. 释通明《携杖访友图》

48. 钱沣行书

任家贫,醒来远望浮萍草,漂际官河不属人。"笔法力追王羲之,足见他临帖的功底。左下角有唐泰署款题跋:"不退先生虽应酬很多,但其作品不乏于用心之作,此幅尚邢侗也不能及之。"

通明,字别峰,昆明妙高寺僧,约活动于清康熙年间。工诗善画,尤擅行草书,其草书雅近王铎。《携杖访友图》是一幅山水小景,图中湖光山色,天空清旷,一派秋高气爽的好时节。构图平淡深远,墨色清淡雅逸。

钱沣(1740~1795年),字东注,又字约甫,号南园。出生于云南昆明太和街一个贫寒的家庭,父亲是从事手工工艺的银匠。钱沣自幼勤奋好学,尤其酷爱书法。早年拜滇中名儒陈世烈、王瑾为师。乾隆三十三年(1768年)乡试中举,乾隆三十六年(1771年)考中进士。历任翰林院检讨、通政司副使、提督湖南学政、江南监察御史等职。平生性格

云南省博物馆

49.钱沣《垂鞭弹控图》

刚直，嫉恶如仇不避权贵，为官清廉，弹劾贪官陕甘总督、山东巡抚，其中包括和珅这样的宠臣。乾隆五十四年（1789年），他的母亲和父亲相继病故，南园先生回昆明守制近四年。在此期间与昆明的文人雅士交流甚广，留下了众多的墨迹。

钱沣楷书师颜真卿，结体严整开阔，结字方正宽博，挺劲横拙，力道沉郁，笔笔不苟，他的书法技艺被世人誉为几百年来学颜最得真意。行书参用米芾笔法，浑厚有力。晚期融欧阳询、米芾等大家笔墨于一体，形成了自己独特的风格，在书法史上占据重要一席。《钱沣行书》横披："心体便是天体，一念之喜景星庆云；一念之怒震雷暴雨；一念之慈和风甘露；一念之严烈日秋霜。只要随起随灭，廓然无碍，便与太虚同体也。"笔力稳健挺拔，布局紧密，通篇有一种清正严明之色和阳刚之美融于字里行间，自具风貌。他的书法和高尚的人品是云南人民的骄傲。钱沣兼善于丹青，特别善画马，尤着意表现马的风骨峥峥，佳作《守株图》很为世人看重。本馆藏《垂鞭弹控图》绘一文士骑马疾奔，左手紧拉缰绳，右手垂鞭，膘壮的乌骔马前腿凌空跃起呈奔腾状，骑者的胡须和帽上缯带随风飘举，刻画生动准确，线条流畅，笔墨细腻。题款"乙未岁八月敬拟少陵先生遗像，钱沣。"此图当为1775年拟杜甫形象所画。右下角有"赵藩珍玩"朱文印。

李诂，字仰亭，昆明布衣。生于嘉庆，卒于道光，昆明画家杨毓兰弟子，清中期著名书画家。他性格放纵不羁，专职从事绘画，一生清平自若。李诂绘画技法全面，山水、人物、花卉无一不精，尤为喜爱临摹古代名画。嘉庆二十三年（1818年）绘制少数民族画，神

50.李诂《千峰远岫图》

采酷肖，称为善本。《千峰远岫图》云烟中峰峦叠翠，楼阁隐现，岸边淡烟疏柳，点缀出一派秀丽景色。大量留白的处理烘托了山峰高大雄伟的气势，米点皴法墨色酣畅淋漓，作者自题"仿高房山笔"，从构图和笔墨看确有高克恭之气韵。

李维彰，字小亭，昆明人，李诂之子。幼承家学，山水、人物俱工整有法。《仿文徵明山水图》轴布局疏朗，景物明媚，表现山清水秀，春意盎然的滇中景色。图中断崖茅亭，水阁湖石，行笔秀润缜密，皴法富于变化。色调明快，具清润潇洒的文人画气韵，其笔墨技法不逊于他的父亲。

孙铸，字铁洲，号海楼，呈贡人，道光己酉（1849年）贡生。山水、翎毛、花卉俱佳，有大家风范，平生足迹遍天下。《危石图》写高山流水，奇石险峰，烟云流润，气象苍莽。山石用披麻皴、卷云皴及折带皴穿插使

51. 李维彰《仿文徵明山水图》

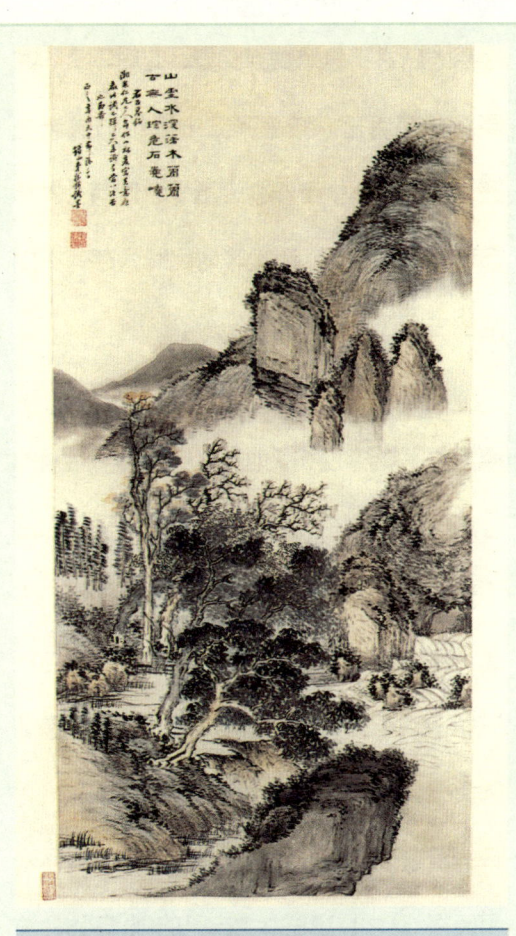

52. 孙铸《危石图》

用。以大量留白巧妙烘托峰峦之奇险。笔墨细致，设色淡雅。

缪嘉惠（1841~1918年），字素筠，云南昆明人。她从小聪颖，勤奋好学，善书画，小楷绢秀俊逸，绘画以翎毛、花卉为佳。婚后随其夫陈氏到四川为官，丈夫病故后，缪嘉惠携幼子回滇，以弹琴、卖画为生。她的书画在四川、云南一带小有名气。光绪中叶（1875~1908年），慈禧太后忽然怡情翰墨，学绘花卉，又学作擘窠大字，常书福寿字，以赐大臣等，因此想找一两个代笔妇人，乃降旨各省督抚觅海内闺秀精于书画者。四川督抚颇知嘉惠画名，"驿送至京师，慈禧召试，大喜，置诸左右，朝夕不离"。赏她三品服色，月俸二百金，免其跪拜之礼，并常令缪嘉惠位居她左右，随时教她画画，或为她代笔作画。嘉惠为人谦和，在宫中除供御书画外，从不干涉任何事。相传嘉惠代笔作画也十分勤奋，自她代笔作画之后，诸大臣常得慈禧所赏赐花卉扇轴等物。慈禧太后去世后，缪嘉惠仍留在宫中侍奉隆裕太后，因

53. 缪嘉惠《澹中有味图》

隆裕太后并不喜欢舞弄文墨，此后不久，她便离开了清宫，结束了二十余年的供奉生涯。缪嘉惠一生所作画幅不少，遗有《供奉画稿》，至今云南、西安等地民间尚存有不少她的书画作品。

作为宫廷画师，尤其是慈禧的代笔者，缪嘉惠并不能随心所欲地发挥自己书写绘画的才能。每一幅掺杂了太后意见的代笔画，都远不如嘉惠自己创作的艺术作品那样洒脱，秀逸。《澹中有味图》是一幅反映金秋花卉与秋虫和谐共处的工笔写生画，构图生动，线条细秀柔媚，设色清淡，从平澹中引出一派生机活现的景象。从笔意、色彩中可以看出颇具恽寿平风格，这才是嘉惠女士自己的创作风格，与那些掺有慈禧意见的作品相比，有明显雅俗不等之区别。

清代无款《斗牛图》，是一幅表现苗族斗牛场面的写真。现今苗、侗、彝等民族在节庆时都要举行斗牛比赛，人们把它看作勇猛公正的象征。此图中间的平地上，两牛相遇，正用角猛斗对方，后面山坡上的人在为牛喝彩助威，旁边一群人捧着芦笙吹奏乐曲。穿着盛装的妇女围成一圈翩翩起舞，显得节日气氛热闹非凡。几百年后的今天，苗族的斗牛节依然这样隆重。在本馆藏品中，表现清代云南少数民族生活习俗、耕作和地域划分等，绘画作品尚有很多，为我们研究少数民族的历史提供了大量的实物资料。

至近、现代，云南各民族画家的作品以不同的面貌出现，丽江有以周霖为代表的纳西族画家，成就卓著。昆明油画家廖新学先生，是云南第一个走出大山学习西画的人，这位勤于创作的画家给云南人民留下了众多的文化艺术遗产。他们把云南的美丽带给了所有热爱生活的人们。

54.《斗牛图》

陶瓷珍品　　争奇斗艳

云南省博物馆收藏陶瓷器近2000件，时代从新石器时代延伸至民国，包括湖南长沙窑、浙江龙泉窑、四川邛窑、江西景德镇窑、云南建水窑和玉溪窑等窑口的陶瓷器，代表了各个时期和不同窑口的典型风格。特别是来自景德镇生产的一批明清官窑青花瓷器是馆中瑰宝；还有云南青釉青花瓷器和陶器具有浓郁的地方特色。

唐长沙窑褐彩堆贴人物壶为唐代长沙窑的典型产品。高23.3、口径12.1、底径13厘米。大口外侈，直颈，椭圆形腹，平底。腹前有六方形短流，后有扁形执柄，两侧有双系。通体施青釉，近底处露灰白胎，釉色青中泛黄。腹部堆贴的三组图案分别为头戴花冠身着紧身衣的胡人和身着铠甲的武士，均施以褐彩。

长沙窑产品创造性地把绘画艺术运用到瓷器装饰上，有的直接在瓷胎上作画或书写诗文，然后再罩上一层透明的青釉入窑烧制，这是我国最早的釉下彩绘瓷艺术，专家们称之为"陶瓷史上的里程碑"。此壶采用胎装饰和彩装饰相结合的技法，而堆贴技法娴

55. 唐长沙窑褐彩堆贴人物壶

熟，人物各部比例较为协调，这是长沙窑首创。由于长沙窑是一个以外销为主的窑场，所以在装饰风格上，明显地受伊斯兰文化的影响，这也是长沙窑对瓷器装饰艺术的一项重大革新和贡献。

瓷枕始见于隋唐，盛行于宋元，并按照用途不同可分为颈枕、腕枕、脉枕、袖枕等。还可根据需要把它做成腰形、元宝形、如意形、长方形、四边形以及人物形、动物形等。

宋三彩双狮枕枕面为长方形，中心内凹，以单线刀刻的手法，勾勒出简单的折枝花卉图案，中部浮雕活泼洒脱的双狮戏球。除器物底部外通体施青、黄、绿釉外，其余均以深沉的姜黄釉色为主，釉面薄而不润，胎质粗松。从胎质、釉色、造型和装饰构图看，此枕带有金代的特征。工匠在刻纹塑形时，以简单粗犷的狮纹为主题，不求形态逼真，而只是从总体上把握住对象的神韵。线条刻画凝重而豪放，富有浓郁的民间乡土气息。

明宣德青花缠枝莲纹大盘，高6.8、口径38.5、底径28.2厘米。敛口，圈足，形制较

56.宋三彩双狮枕

57.明宣德青花缠枝莲纹大盘

大，制作规整，釉质晶莹肥厚，釉面白中闪青呈鸭蛋绿色，底平无釉，研磨平整光滑，盘内外均为青花图案装饰，盘内纹饰从口沿、内壁、盘底分为三个层次，口沿部为海水江崖，内壁为缠枝牡丹，盘底为一束莲纹。外口沿绘缠枝纹做边饰，腹部绘缠枝牡丹，近底处为回纹一周，纹饰布局疏密得当，色泽浓艳。宣德时期是明代青花瓷生产的鼎盛时期，其产品被认为是明代瓷器之冠。此盘青花发色浓艳，并有褐色铁锈斑透入胎骨，为典型的进口"苏麻泥青"料绘制，露胎处有明显的火石红色，从青花用料到构图纹饰都是此时的代表作，是一件难得的珍品。

清康熙乌金釉描金花鸟诗文瓶，高44.1、口径12.4、底径12厘米。此瓶撇口，束颈，溜肩，腹部渐收，矮圈足，胎体坚致，釉面滋润，造型优美，线条柔和。瓶内釉色洁白，瓶外乌金釉漆黑铮亮。以金彩描绘图案，从

58.清康熙乌金釉描金花鸟诗文瓶

外口沿部起为如意云头，颈部饰蝶恋花，颈肩部为几何、墙垛、龟背、如意云头等辅助

纹，腹部主体纹饰描绘一只雉鸡立于洞石上，周边为玉兰、翠竹、秋菊、牡丹、飞蝶，构图严谨，描绘精细，内涵十分丰富。并配有唐代诗人韩琮《牡丹》诗中的前四句："桃时杏日不争浓，叶帐阴成始放红。晓艳远分金掌露，暮香深惹玉堂风。"落款"卉庵"，"囗石居"，阴文方印。图文并茂，这也是康熙时期瓷器装饰的一大特色。

乌金釉是一种名贵瓷器，创烧于明代成化年间，清代康熙时期较为流行。釉质细腻乌黑，铮亮如镜面，为黑釉器中的上品，因传世较少，十分珍贵。

清雍正莲花形黄釉盘，高5.8、口径29.3、足径18厘米。敞口，浅底，矮圈足。内外黄釉呈柠檬黄色，娇艳温润，无纹饰图案，底施白釉。盘由多瓣莲花瓣叠压而成，盘心为莲蓬状，造型工整，构思独到，充分显示出瓷艺工匠们的高超技艺，具有较强的观赏

59. 清雍正莲花形黄釉盘

性。底有"大清雍正年制"六字青花楷书款。雍正黄釉器主要采用了在釉中加入锑，使黄釉呈现柠檬黄色，与明代的娇黄釉相比具有很好的视觉效果。清代宫廷对黄釉瓷器使用有严格的等级制度，按使用人的等级不同区分釉色和装饰纹样。

清乾隆青花莲瓣八吉祥宝月瓶，高49.7、口径8、底径16厘米。圆口，直颈，扁圆形腹，腹部两面各有突出圆形乳丁一个，扁圆足，云耳连颈接肩，造型规整，器形宏大。胎体坚致厚重，釉色白中闪青，光润平滑，青

花呈色浓艳并稍有晕散。口沿部为一周回纹装饰，颈部绘缠枝花卉，腹两面为莲瓣，并在莲瓣内绘法轮、法螺、宝伞、宝盖、莲花、宝瓶、金鱼、盘肠佛家八吉祥，腹部中心乳丁上绘莲花和回纹，边沿绘回纹一圈，瓶身侧面绘缠枝，图案随器形布局，绘工精到。底有"大清乾隆年制"六字青花篆书款。

宝月瓶，又称扁壶或抱月瓶，因瓶腹似圆月而得名。明代洪武年间开始烧制，永宣时期较为流行，明中后期不见烧制。直到清代康熙年间又开始烧制，但到了雍正时，由于雍正皇帝不喜欢宝月瓶，并曾下令"嗣后宝月瓶不别烧造"，但是到了乾隆时期又开始烧造。

清乾隆松石绿釉百寿描金兽耳尊，高40、口径15、底径17.5厘米。扁圆形口，溜肩，圈足，从口沿起用突出线条将纹饰分为六层，口沿处为墙垛纹，颈部饰寿字10个，颈

60. 清乾隆青花莲瓣八吉祥宝月瓶

肩部为锦纹，并在此处塑狮首双耳，腹部饰寿字五圈，每圈为18个寿字，计90个寿字，与颈部的10个寿字共为百寿，具有长寿之意。所有寿字均为浅雕篆体，布局严谨，雕刻精细。近底处为仰莲纹，圈足上还饰一周墙垛纹。底

云南省博物馆

61. 清乾隆松石绿釉百寿描金兽耳尊

有浅雕阳文"大清乾隆年制"六字篆体描金款。此瓶胎体坚致厚重，造型规整，制作工艺极其精致，装饰十分华丽，金彩纯正，具有乾隆时期的典型风格。

清道光斗彩莲池鸳鸯梵纹碗，高7.2、口径16.4厘米，侈口、直壁深腹，平底，卧足，器形稳重端庄呈墩式，胎体致密厚重，釉面莹润肥厚。内口沿一周饰青花梵文，底心在青花双圈内绘池塘鸳鸯。外口沿青花绘六赶珠纹，壁绘池塘鸳鸯。荷花盛开，鸳鸯戏水，一派生机盎然景象。图案布局紧凑，色彩明快淡雅，绘工十分精细。底有"大清道光年制"青花六字篆书款。

墩式卧足碗是道光时期较为流行的一种器形。采用莲池鸳鸯梵纹装饰图案，也是这一时期典型纹样，具有明显的时代特征。这

62. 清道光斗彩莲池鸳鸯梵纹碗

一器形除斗彩外，还有青花器。

道光一朝，中国瓷器生产受时局影响开始走下坡路。尤其是官窑瓷器生产受到很大影响。不但规模产量不如前朝，器物的品种、装饰更无法与前朝相比。但民窑生产仍然还保持相当的规模和产量，有的器物还可与官窑媲美，故有相当数量的传世品。

青花牡丹纹火葬盖罐，高35、底径22厘米。唇口，矮直颈，溜肩，圆腹，平底，造型雄浑，胎体厚重，胎呈淡红色，结构较为致密。灰白釉。修胎精细，釉面较为平整并有细开纹片。通体以青花牡丹装饰，从盖至底部共分五层，盖顶为青花缠枝，肩部和腹部都绘牡丹纹，近底部绘莲瓣纹，颈部为青花双圈线，在肩部与腹部之间的青花双圈内绘缠枝分隔。肩部腹部的牡丹纹呈两种不同风格，肩部的牡丹叶呈葫芦形，腹部的牡丹叶肥厚，花朵特别硕大，花瓣留有白边，这种画法在其他青花罐中是少见的。所用钴料含铁较高，青花的发色特别浓艳，多处青花呈现黑褐色，图案比较繁密，除花朵外所有纹饰均采用一笔点画，可从画中体会到工匠的高超技术和不凡的绘画功底。

此罐从造型到绘画装饰都带有典型的元代瓷器风格，是云南青花瓷器中少见的精品，属于馆藏一级文物。

63. 青花牡丹纹火葬盖罐

青花狮子绣球火葬罐，高30、口径15.5、底径15厘米。唇口，直颈，溜肩，腹至底部渐收，平底。配有荷叶形盖。灰白胎体，釉色青中泛黄并有细开片纹。内外施釉及底。装饰图案达七层之多，盖饰缠枝和蕉叶纹，颈部饰几朵，肩部为狮子绣球，肩腹部之间绘几何纹分隔，腹部绘牡丹，近底部绘变形莲瓣。构图繁密，层次较多，主体纹饰突出，肩部狮子绣球用笔随意，草草数笔，勾绘出一对活泼可爱的狮子滚绣球场面，颇具文人写意画只求神似而不求形似的风格，但也有点夸张，如果说不是以狮子绣球构成的传统图案，单以图像而言是难以与狮子相联系的。腹部的牡丹也比较随意，花叶零散，花朵随意，这种装饰是云南青花罐上最常用的题材和手法。该罐造型小巧丰满，制作规范，同样带有元代瓷器的遗风，胎釉彩都与景德镇瓷器相差不大，是云南青花瓷器中特别好的一类。

青花牡丹纹火葬罐，高32、口径13.5、底径14厘米。唇口，束颈，溜肩，肩至底部渐收，平底。釉呈青灰色，内外施釉及底。肩部绘花卉，肩腹部绘几何纹，腹部绘牡丹，近底部绘变形莲瓣，颈部点缀几朵小花。腹部牡丹花卉比较随意，但是图案中的牡丹花已

64.青花狮子绣球火葬罐

蓝地留白缠枝牡丹纹罐，高33、口径11、底径13厘米。此罐唇口，直颈，溜肩，肩至底部渐收，配束腰酱釉器座。此罐在云南瓷器中可谓独特。一是造型丰满，亭亭玉立；二是工艺特别，较为少见。在面世的云南瓷器中，目前仅见此一件。其装饰题材与其他青花罐基本相同，都是缠枝牡丹纹。所

65. 青花牡丹纹火葬罐

经不似牡丹，这是云南青花罐上表现装饰最常用的表现手法，也是云南青花装饰的共同之处。青花呈色偏黑。该罐造型端庄挺拔，釉面光润细腻，在云南青花瓷器中也是接近景德镇产品的一种，视觉效果较好，可算是云南青花瓷器中的佳品。

66. 蓝地留白缠枝牡丹纹罐

云南省博物馆

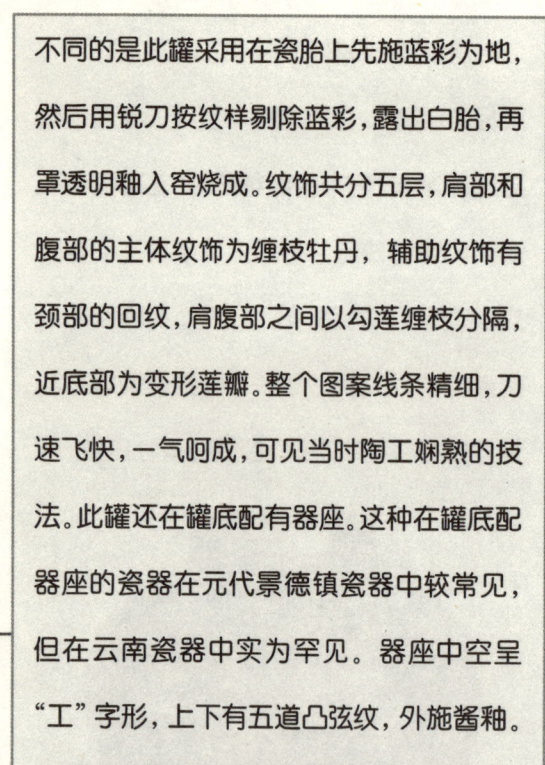

不同的是此罐采用在瓷胎上先施蓝彩为地，然后用锐刀按纹样剔除蓝彩，露出白胎，再罩透明釉入窑烧成。纹饰共分五层，肩部和腹部的主体纹饰为缠枝牡丹，辅助纹饰有颈部的回纹，肩腹部之间以勾莲缠枝分隔，近底部为变形莲瓣。整个图案线条精细，刀速飞快，一气呵成，可见当时陶工娴熟的技法。此罐还在罐底配有器座。这种在罐底配器座的瓷器在元代景德镇瓷器中较常见，但在云南瓷器中实为罕见。器座中空呈"工"字形，上下有五道凸弦纹，外施酱釉。器座与罐底采用釉粘接。

云南作为中国青花瓷器三大产地之一，尽管产品总体较为粗糙，观赏性差，难以同景德镇及其他窑口生产的瓷器相媲美，但它粗犷豪放，简朴生动，独树一帜的品相越来越受到陶瓷爱好者的喜爱，研究云南青花瓷器的国内外学者也越来越多，反映了云南青花瓷器在中国瓷器发展史上的重要地位。

莲花形灰陶盖罐，通高30、口径12、底经10.5厘米。该陶罐为圆口，丰肩，圈足外撇。造型端庄，陶胎轻薄，装饰繁杂。以堆贴、刻划、彩绘集于一器。盖顶为亭阁纽，紧靠盖纽一周有八个不穿透的圆孔，在圆孔外

67.莲花形灰陶盖罐

刻划八角双阴线纹，再用彩绘几何图案，几何图案同样为八角形，并分别用黑彩和红彩填涂，靠罐盖边沿压印8个宝杵。罐口沿部为两圈不同的阴线纹，一圈是水波纹，一圈S纹；肩部贴四宝杵；罐身为双层莲花形。在上层的每片莲瓣中贴印十二生肖和5个人物，人物着长袍，双手抱于胸前，又用朱砂书写18个梵文。下层莲瓣为素面。圈足内同样书写梵文。各种装饰都有浓厚的佛教色彩。这种火葬罐为内罐，一般都和外罐成套使用。

绿釉陶盖罐，高40、口径26、底径15厘米。广口、圆腹，圈足外撇呈喇叭形。红胎绿釉。盖顶为圆形纽，罐盖为莲花形，花瓣从上至下分为三层，每个花瓣瓣尖外卷。罐身贴塑多种树叶纹和联珠纹图案，施釉不及底。这种火葬罐在近几年出土的火葬墓中多有出土，而且多与青花火葬罐同在一个墓群中出现。

68.绿釉陶盖罐

堆贴水波纹灰陶盖罐，通高64、口径39、底径18厘米。器形较大，胎体较薄。胎成灰色，较为疏松。整体以堆贴和刻划装饰。盖顶为兽形纽。罐盖为莲花形，花瓣分为两层，每片花瓣瓣尖外卷，同时在花瓣上刻划阴线纹花瓣。又在莲花形盖上堆贴水波纹。罐身与罐盖一样,同样做成莲花状和堆贴水波纹。这种类形的火葬罐属于外罐,一般都与内罐配合使用。

宋元明时期,云南普遍盛行火葬,已经发掘的火葬墓群较多,因此出土的火葬罐器形多样,绚丽多彩。

烟斗为吸食鸦片的烟具配件,烟斗配上烟杆即为烟枪。烟枪在清代中期,鸦片尚未传入我国时已经悄然流行。英国人发明烟枪后,作为礼品赠送给清朝的达官贵人和纨绔子弟。

据说建水烧制烟斗是在清道光年间开始的。但真正最著名的要算清末民初的"八家斗"和叶子香制的烟斗。"八家斗"是因制作时的八道工序分别由八家窑户完成而得名。制作精美,形态各异,装饰典雅,深受时人的喜爱;而叶子香制的烟斗则"体质坚实,形式古雅,书画生颖,色彩光润",技艺超群。由于叶子香的制陶水平高,因此他被收录在民国时期出版的《辞海》当中。

此烟斗为叶子香制作,高3、径6.5厘米。烟斗呈圆饼形,斗面中心有一个放烟土的小孔,另一面有与烟杆衔接的圆柱形,胎为灰白色。斗面为梅花纹装饰。在边沿一周白色

69.堆贴水波纹灰陶盖罐

圈线的分隔下。斗面和其余部分形成深浅不同的紫红色。整个器物表面光滑滋润，纹饰镶嵌精致。底有"己丑"（1949年）"叶子香"印记款。

建水向逢春制紫陶汽锅，通高17、口径19.5厘米。时代为民国时期。锅呈圆鼓形，平底。盖饰圆纽，腹饰兽形铺首。表面呈紫黑色。由于烧成温度较高，胎体结构较为致密，刚性较强，器表打磨十分光润。采用刻填花卉和山水图案装饰。盖面刻填花卉，腹部刻填山水人物。一面是一石桥，两人背对观者坐在石桥上，似一对情侣在窃窃私语。桥头一棵垂柳，构成

70.建水叶子香制紫陶梅花纹烟斗

一个诗情画意的情境；另一面是一长者头戴斗笠，手扶竹竿正撑着一只小船在湖中，远处山峰此起彼伏，湖中的芦苇繁密茂盛，勾画出一幅美好的自然景色，使人在品味着锅中的美味佳肴时，同样也感受到大自然的美景。

汽锅鸡是云南独有的高级风味菜，汽锅是烹饪时的用具，早在清代乾隆年间，汽锅鸡就在滇南地区民间广为流传，距今已有二百多年的历史。

建水紫陶是中国四大名陶之一，大约创烧于清代晚期，盛行于民国。它是继建水窑瓷器衰败之后创烧的品种。据说建水紫陶是

清光绪年间由一个叫潘金怀的陶工创烧的。他采用当地白、黄、青、紫、红五色土,经泡水搅浆过滤沉淀成陶泥,用此陶泥制成的器皿烧成后成紫红色,再用鹅卵石打磨,使器物表面细腻滋润,光亮如镜,既显自然天成的古朴风貌,又有浓郁的文化气息,别具一格,深受人们的喜爱。到了民国时期,建水紫陶更是空前发展,器物品种更加多样,装饰技法更有创新,并出现了一批技艺精湛的陶工,把建水紫陶的烧制发展到了极致。

71. 民国建水向逢春制紫陶泥锅

风韵独特　　工艺精品

云南省博物馆

云南是一个令人心驰神往的地方，不仅因为美丽如画的风景，更因为风韵独特的民族文化，绚丽多彩的民族工艺品。这些出自边远疆土的工艺品，以其特别的风貌，为人们揭开云南这块神奇土地的面纱，让人们亲身领略云南多姿多彩的文化。

云南是著名的金属王国，早在春秋战国时期，就有了许多华美秀丽、色泽灿然的金饰品。

牛头纹金剑鞘，长52厘米，上宽6.5厘米，下宽4厘米，打制得很薄，构图简练，线条流畅，錾刻精致娴熟。它由上、中、下三部分组成。上段为模压的牛头纹图案，突出了牛最有代表性的特征——倔而不屈的牛角。中段在模压的回纹上，錾刻出许多细网纹。下段有7个同心圆圈及云纹。

金剑鞘既是一件实用的工艺品，也是一件装饰品，它的造型和制作工艺特别受到重

72.牛头纹金剑鞘

视。它虽然尺寸长大，但在制作时注意采用薄型，并用浅浮雕装饰，从而弱化了凝重感。在外形设计上，轮廓线逶迤曲折，富有变化，取得造型颀长，秀丽轻盈的效果。从装饰工艺看，纹饰有疏有密，从而形成器物表面变化多端的装饰图案。这件器物被埋在地下两千多年，如今在我们眼前仍然熠熠生辉。

镶红蓝宝石金冠，高11.5厘米，长16厘米，底径11厘米，时代为明代。造型呈半球形，用形似如意的金片层层叠摞而成，金片上镶嵌色彩艳丽的红蓝宝石50多粒，形成多色对比，交相辉映的艺术效果。冠的两侧各有小孔2个，孔内插有4支金簪，把金冠固定在发髻上。此件金冠用极薄的金片焊接而成，每片金片上都锤打着简练的旋形纹。金冠虽然造型简单，但是结构巧妙，工艺精湛，

73. 镶红蓝宝石金冠

表现出一种绚烂归于平淡的美,显现出王侯之物华贵瑰丽的风貌。

云南历来以产银著称,从汉代直至明清时期产量均居全国首位。尽管云南产银很多,但是在古代制作一件金银器并不容易。这件西汉有翼虎纹银带扣,长10.1厘米,宽4.2～6.1厘米,是古滇国众多出土物中唯一的一件。

带扣(钩)是我国古代贵族、武士日常生活中不可缺少的用具。由于它置于服饰的显要部位,反映着佩用者的身份地位和财富等级,因此人们在制作时很重视它的装饰作用,各尽所能,求新求奇。

这件带扣整体作盾牌形,前端较宽,转角处略呈弧形,后端较窄,转角方直。带扣的前半部有弧形孔槽,槽内横装齿舌,至今齿舌仍活动自如。正面有凸起的花纹,中间为一只有翅的老虎,右前肢持"三枝树"卉

74.银有翼虎带扣

木,昂首翘尾,雄视眈眈。为了加强装饰效果,虎的双目用橙黄色琉璃珠镶嵌,全身错以极薄的金片,并且嵌有绿松石小珠,虎身后作山石或云气缭绕之状。

云南素有"有色金属王国"之称,据记载,西汉时,堂琅(今东川市)就以产铜而闻名全国。民间艺人利用优越的自然资源条件,创制出具有浓郁地方特色的斑铜工艺品。

"妙在有斑"、"贵在浑厚、纯朴",是人们对斑铜工艺品的赞语,也是对其特点恰如其分的评述。会泽斑铜历史悠久,早在清朝雍正年间即已定型生产,至今已有260多年

的历史，清朝历代皇宫中的斑铜工艺品都来自会泽。1914年会泽斑铜在巴拿马国际博览会上获银奖，被誉为"金属宝石"和"稀世珍品"。斑铜需采用高品位的优质天然铜为原料，打制一件器物至少要经过二三十道工序才能"出炉"。受原料和祖传手工艺的限制，使手工煅打斑铜不可能像批量铸造那样大规模地生产，故会泽煅打的斑铜具有相当高的欣赏和收藏价值。

斑铜双耳炉，高23.9厘米，口径23.4厘米，制作于近代。方唇折沿，立耳，直颈，圆肩鼓腹，三蹄足。造型敦重，用料精良，浑厚古朴，典雅富丽。器物褐红色的表面呈现出离奇闪烁，艳丽斑驳的艺术效果，变化微

75. 斑铜双耳炉

云南省博物馆

妙的斑花，熠熠生辉。

　　乌铜走银是云南独有的工艺品，在清代康熙雍正时期初创，制作时在铜的表面先镂刻出精美的纹饰图案，然后在阴刻的纹饰内镀上银，庄重深沉的黑底上衬托着银光闪闪的灿烂饰纹，呈现出黑白分明的装饰效果，器物显得雍容华贵、瑰丽多姿。制作乌铜走银是一项复杂的工艺，匠人须掌握冶炼合金、雕刻造型、书法绘画、微雕等技艺。

76. 乌铜走银山水纹墨盒

　　民国年间制造的乌铜走银山水纹墨盒，高2.3厘米，边长9.5厘米，由云南著名艺人岳应制作。这是一幅朴实无华的山水画，表现一片岗峦重叠、烟树柳岸的景致，在其间点缀了舟、桥、人物的生活场面。制作这样一个墨盒工艺是很复杂的，先把铜片放在木炭上，用炭火加热，趁着热度，把铜片锤打成薄片，做成盒子的雏形。用凿子雕刻上花纹，花纹雕刻好，就把熔化了的银水浇到细密的缝隙间。最后一道工序是让红铜变成泛黑的乌铜，这个变化的过程很奇妙，用双手捂住红色的盒子，在手中反复地捂，红色的铜盒就变成黑色的乌铜，而白白的银饰越发显眼，一个乌铜走银的盒子就做成了。

　　云南七彩的土地上孕育出各种美丽的珠宝玉石，成为我国五大宝玉石主产地之一。云南的能工巧匠把大自然创造出来的美玉，以惊人的毅力和巧妙的构思，独运的匠心，

77. 镂雕龙纹云形翡翠带扣

精雕细琢，使其富有了生命、灵性、情感和魅力，达到如诗如画的境界，同时也让玉雕翡翠作品得以实现艺术和价值的升华。

清代镂雕龙纹云形翡翠带扣，长9.7厘米，宽3.5厘米，厚1.5厘米。色泽翠白同体，匀净纯正，质地温润细腻，晶莹光洁。形体宽厚，没有棱角，分为两节，背部的中间有一个圆纽用来固定腰带。正面浮雕龙纹及勾莲纹、云纹，整个图案轮廓线条婉约，龙体纹饰简练。龙身凸起于边框，光素无纹，呈匍匐爬行状。龙首微昂，双眉突起，宽鼻咧口，翘首顾盼。在空隙处有许多勾莲云纹，为龙增添了几分动感。这件带扣以镂空透雕手法为主，配以浮雕、线雕等，刀工娴熟浑厚，把龙那屈曲的身躯和四肢，隆起而有力的肌肉，表现得栩栩如生。

云南省博物馆

清代青玉雕蟠螭含环帐钩，通高24厘米。最上端是4个互相套扣的小玉环，最大直径2.9厘米，最小直径2.7厘米。呈"C"字形的帐钩，最粗处0.6厘米，最细处0.4厘米，雕琢得圆润光滑，环、钩相连，没有任何拼接。

这对帐钩的有趣之处在于尽管它是实用器，但工艺师们将它雕得玲珑多姿，美不胜收。帐钩由连套环、蟠螭和钩组成，相互起到补充作用。环环相套，可卷可伸，使用时互相撞击，声音舒扬悦耳，给人们带来欢乐悦愉的好心情。青玉雕就的蟠螭，镶嵌上两

78. 青玉雕蟠螭含环帐钩

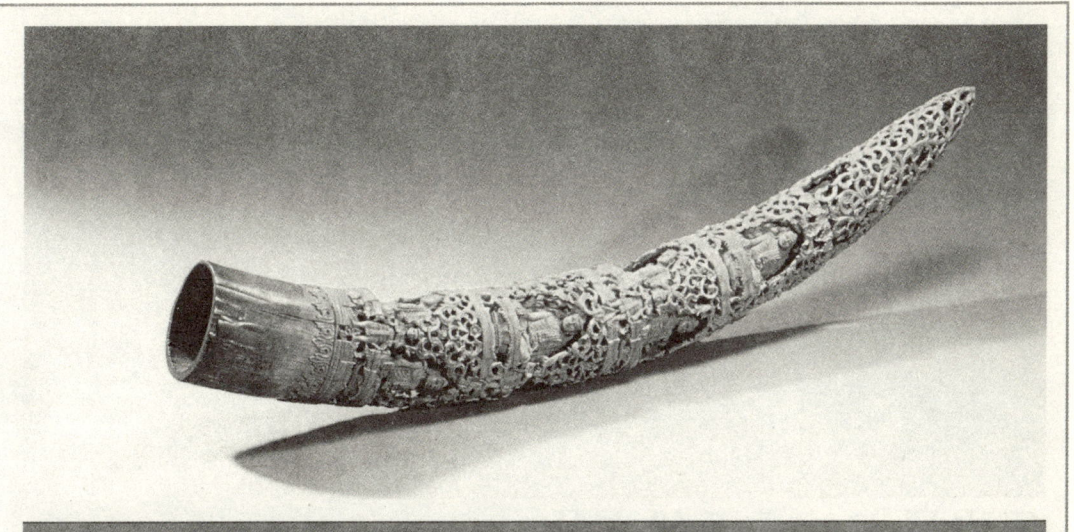

79.象牙镂雕开光释迦像

颗红色的宝石作为它的眼睛。蟠螭姿态矫健，昂首瞩目，一派勇猛之态。这对帐钩构件虽然不多，但雕琢工艺和造型是很考究的，从上至下形成上紧下松，有疏有密的组合，可以看出平淡中求变化及妩媚娟秀的形态。

云南的牙雕工艺品也曾经名噪一时，这件象牙镂雕开光释迦像，高80厘米，底径9厘米，重3915克。用整支的象牙镂空雕成，没有任何的镶嵌、拼接，是难得见到的大型象牙工艺品。由于象牙下粗上细，雕刻图案也就顺势布局。整只象牙分为6层，下面4层，每层有供奉着佛像的佛龛。佛像身体比例匀称，嘴宽唇薄，两眼微睁，凝视前方。在佛龛之间，用浮雕的手法刻上温恭作揖的供养人像。上面两层没有了佛龛，佛像就雕刻在镂空的缠枝花卉里。

历史风云　　近代文物

近代云南人民，深受外国侵略和封建势力压迫之苦。从清朝末期直到新中国建立前夕，云南人民的爱国主义斗争就没有停止过，写下了可歌可泣的历史篇章，也留下了许多记载历史的珍贵文物。

1911年10月10日，辛亥武昌起义爆发。云南革命党人也积极行动起来，10月30日（农历九月初九日）夜，昆明辛亥"重九"起义爆发，经过一天的艰苦战斗，终于获得胜利，成立"大中华国云南军都督府"，蔡锷为云南军都督，建立了资产阶级性质的云南地方政权，史称这次起义为"重九起义"。

为纪念这次具有重要意义的武装起义，云南军都督府颁发了这枚"重九起义"纪念章。"重九起义"纪念章，铜质，圆形，直径5.5厘米，镂空制作而成。中间有一突出的五角星，五角星的每一个角颜色不同。四周是一朵盛开的菊花和另两支含苞欲放的菊花，

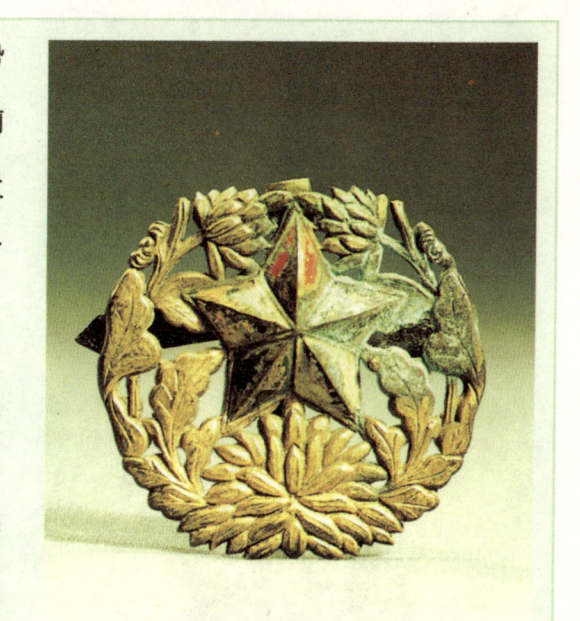

80."重九起义"纪念章

表明"重九"这个时间。虽然它结构简洁、朴实无华，但记载了那个血与火的夜晚，见证了新旧社会制度交替的艰难。

辛亥革命后，窃取了中华民国大总统的袁世凯，竟然大搞复辟，帝制自为，全国人民决不允许袁世凯倒行逆施，复辟帝制，打倒袁世凯成了举国一致的目标。1915年12月

25日,蔡锷、唐继尧、李烈钧等人在云南组织发动了护国起义。

1916年云南都督府颁发"拥护共和奖章"给予对反袁护国有功绩的人。一等奖章襟绶为红、黄二色,奖章为铜质镀金,直径6厘米。奖章正中刻唐继尧戎装像,上面有"拥护共和奖章"字样,外围有八芒,每个芒上有一颗五角星。按古史传说,帝高辛氏时,得到八个有才德之士辅佐,致使天下太平,史称"八元"辅政,此章八芒暗含护国运动得到天下有才德之士的支持。

在全国人民的反对声中,袁世凯废除"洪宪"年号,但是却不愿意放弃总统职位。为此,独立各省军人于1916年5月8日在广东肇庆成立了军务院,并通电昭告天下。军务院成立后,公推云南都督唐继尧为抚军长,领导独立各省继续同袁世凯斗争。

为了纪念唐继尧就任抚军长一职,1918年云南省长官公署与云南富滇银行,购买黄金铸造"拥护共和纪念金币"。金币分为:甲种纪念金币,重10克,直径2.5厘米;乙种纪念币,重5克,直径2厘米。两种金币的纹饰基本相同,正面中央均为唐继尧肖像,

81. 拥护共和一等奖章

82.拥护共和金币

并有"军务院抚军长唐"的字样，背面均为两面旗帜和五星，并有"拥护共和"的字样。所不同的是，大币背书"当银币拾元"，小币背面则书"当银币伍元"。

护国运动后唐继尧主滇，联合西南诸省当上军政府的元帅，形成以他为首的滇系军阀，欲称霸西南地区，在此期间他铸造和使用了距今历史最短的调兵虎符。虎符是调动军队的凭证，用虎作装饰时代最早的铜符实物是战国时期秦国的杜虎符，距今已有2300多年，唐宋以后就已不再使用铜符调兵。

唐继尧调兵虎符为铜质，高14厘米，宽3.5厘米。上端分别铸有两只老虎，正面和背面由上而下镌刻铭文，左边一件正面是"云南省长唐检点副证"，背面是"民国十二年七月二号制"，并有"唐继尧印"印样。右边一件是"云南省长唐检点证"，背面为"民国十二年七月二号制"，也有"唐继尧印"印样。两件扣合起来，侧面有字为"军字二三号"和"令行推出"。在近代工业和科技已经发展的时期，仍然使用这种古老的调兵凭证，可见这对虎符的特别和珍贵之处了。

在中国的近代史上，许多云南的优秀儿女，为民族的独立、祖国的解放谱写出光辉的篇章，聂耳就是其中的代表之一。聂耳

83.调兵虎符

YUNNAN PROVINCIAL MUSEUM

的一生是短促的，但却是光辉的、伟大的。他以惊人的毅力勤奋刻苦地自学自练，在艰苦的音乐创作实践中努力探索中国革命音乐的正确方向，把自己对中国社会的深刻体会，用音乐表现出来，成功地创作出民众的音乐，反映出中华民族的社会现实，开创出中国无产阶级和人民大众革命音乐的新时代。

1931年2月聂耳有了自己的小提琴，从那以后，除了睡眠就是拉琴。在这种艰难困苦的情况下，聂耳凭着惊人的毅力坚持学习，终于在很短的时间里取得了较大的进

84.聂耳使用过的小提琴

步，他的小提琴演奏技艺得到了老师和同事的称赞。这把伴随他走过艰难路程的小提琴，长60厘米，宽20厘米，是本馆珍藏的国家一级文物。

从1933年到1935年，聂耳全力投入音乐的创作。他以严肃认真的态度，创作出大

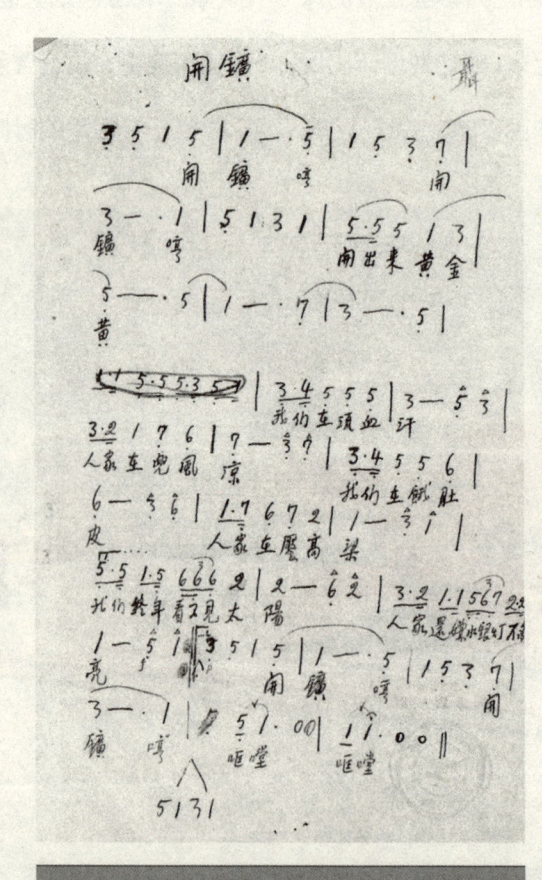

85.《开矿歌》手稿

量群众喜闻乐见的革命歌曲。这些歌曲一扫过去乐坛的靡靡之音，以崭新的姿态出现在乐坛上，唱出了民众的愿望和呼声，成为人民斗争有力的武器和战斗的号角。

聂耳创作的第一首革命电影歌曲是《开矿歌》，《中国电影发展史》是这样评价这首歌的："这里，唱出了阶级的矛盾，也唱出了工人的团结和他们的革命向往。聂耳以蓬勃的朝气，激扬的旋律，出色地表达了工人阶级的精神气质。""《开矿歌》开创了我国三十年代革命电影歌曲的先声。"《开矿歌》的成功给聂耳带来了良好的声誉，也给他注入了创作的动力，他对什么是民族化、大众化又多了一种认识。从此，他的音乐创作便一发不可收了。《开矿歌》手稿长21厘米，宽13.5厘米，记载了这段珍贵的历史。

七彩争辉　　民族奇葩

在云南省博物馆众多的收藏品中,有一个特殊的门类就是云南少数民族文物。少数民族文物可分为两大类,即物质文化类和精神文化类,它主要包括民族产生以来人类留下的有历史、艺术和科学价值的遗物、遗迹等实物资料。我们今天所说的少数民族文物,就是各民族在生产生活中所用的实物。

把美丽穿在身上
——民族服饰

云南省博物馆收藏最多的少数民族文物要数各民族的服装了。云南民族众多,服饰千姿百态,由于特殊的地理环境和历史原因,居住在这里的25个少数民族,各自都有与众不同的独特服饰装束;有的民族因支系不同,服饰就不同;即使是同一支系,也往往因居住地域的差异而服饰各有千秋。所以云南民族服饰纷繁复杂,数量极多。一个民族的服饰,就是一幅颇具风情趣味的画卷,也是一座民族民间工艺美术的宝库。千姿百态的造型和款式标志着不同的民族形象特征,体现着各个民族不同的文化背景,25个少数民族绚丽多彩的服饰文化构成了云南特有的美丽风景。

云南民族服饰之美,美在五彩斑斓的服装款式上,美在鲜明亮丽而又搭配恰当的色彩上。走进云南省博物馆,一套套的民族服

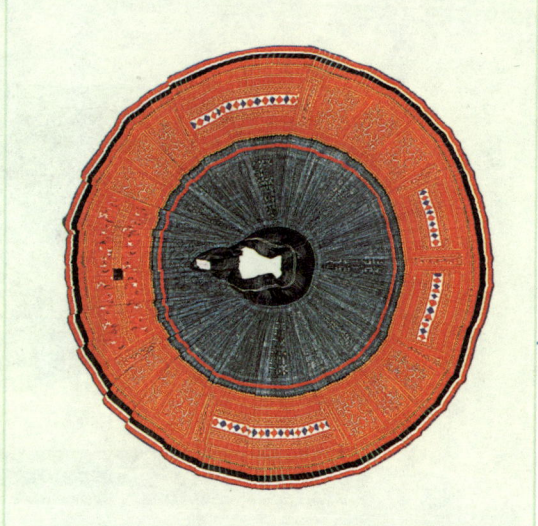

86. 苗族的百褶裙

饰让我们眼花缭乱：

苗族服饰千差万别，色彩缤纷，鲜艳夺目，但麻布百褶裙、挑花衣饰、银项圈、银耳环则是其共同的特点。

傣族服装轻薄贴身，色彩艳丽，充分显现出热带、亚热带地域女子的婀娜多姿，琳琅满目的银饰及织锦筒帕，也呈现出精湛的工艺技巧。其中，傣族上层阶级的服饰与民间不同，是特定历史时代的产物，雍容华贵，典雅大方。

彝族的支系是云南各民族里最多的，由此带来的就是种类繁多的服饰，从清代的绣花兜肚、披肩、女服、马裙，到日常生活中花团锦簇、挑满绣品的各色衣饰、羊毛披毡、毕摩（巫师）帽饰，以及男子的扎染衣、贯头衣等颇富特色的精品应有尽有。

白族尚白，他们的服饰格外清丽，服饰根据年龄大小、婚配与否和地区差异有所不

87.清傣族土司女服

88.清彝族土司男服

同。简洁的包头，素雅的扎染布料，古朴的绣花围腰、布鞋、花枝招展的绣花背被、挂包等都极有地域特色。

纳西族服饰中，最典型的莫过于妇女的七星披肩，是纳西族特殊的服装样式。

佤族妇女的黑色短贯头衣，红黑相间的手工纺织筒裙，样式简洁的银制头箍、银臂饰、银项圈，无不透出山地民族粗犷豪迈的性格特征。

瑶族的不同支系通常都有风格各异的头饰和服装色彩，分为红头瑶、蓝靛瑶、过山瑶、平头瑶等，每个支系的服饰各有千秋，但蓝色和红色是主要的色调。

生活在德宏的景颇族，满身缀满银泡，配上鲜艳的筒裙、筒帕，跳舞的时候银泡飞舞，玎玲作响，悦目悦耳，令人难忘。

德昂族的藤篾、竹片腰箍是男女两情相悦的信物，也是妇女的特色装饰，其内涵的文化意蕴古老而丰富。

阿昌族的筒帕、长刀是随身携带之物，可以看作是这个民族的标志。

哈尼族支系繁多，服饰更是千差万别，奕车姑娘的白帽、无领无扣上衣、短裤、绣花腰带，无不显示出女性的干练和英姿飒爽；僾尼女子身上的绣花兜肚、短上衣、百褶裙，腰间系着缀满海贝和彩色珠链的绣花腰

89.景颇族筒裙

带，腿上套绣花绑腿，整套服装俏丽中透现出时尚韵味。

云南省博物馆收藏了相当数量的民族服饰，其中不少具有很高的历史价值，如傣族和彝族土司龙袍、织金龙袍等。其中这件十分精彩的傣族丝织龙袍，征集于20世纪60年代，是清朝皇帝御赐给孟连宣抚司的官服，朝贡、大典等重大场合必须穿着。龙袍为蓝纱丝地，圆领，右衽，斜襟，马蹄袖。上面布满了丝绣的行龙、利水、云纹。它是古代土司制度的实物见证。彝族土司龙袍是20世纪50年代在楚雄彝族自治州征集到的，整件衣服为绛紫色丝面地，圆领，前后开衩。前胸后背用金丝线各绣金色行龙一条，两肩及全身上下绣满了形态各异的大小行龙，中间夹杂着五色祥云、寿山福海、利水波纹、牡丹花卉等吉祥图案。这件龙袍也是清朝皇帝御赐给楚雄彝族土司的官服。它们是古代土司制度的实物见证，也反映了中国历史上封建中央王朝与边疆民族之间的关系，是土司制度的珍贵文物。

彩云造就的技巧
——民族民间传统工艺

看到云南各少数民族绚丽多彩的服饰，就会自然地联想到他们的纺织、挑花、刺绣、织锦、扎染、蜡染、金银饰物等，这些都是民族服饰整体造型不可或缺的组成部分。少数民族妇女自幼学习纺织和挑花刺绣，千百年来代代相传，创造了具有鲜明特色的民族服饰，又是精致的工艺品。

　　织。各地民族有着不同的纺织方法。云南省博物馆中收藏了多种纺织机，从最古老的腰机、斜织机到现在的水平织机都能看到，纺轮、纺车等工具和精美的纺织品更是数不胜数。其中最美轮美奂的要数织锦了，如傣锦、壮锦、景颇锦、佤锦、独龙毯等。傣锦以风格古朴、织工精巧见长，多采用十分规整的连续图案，但色彩、图案花纹的变化比较丰富。一般用于挂包、床单、赕佛的布幡上。馆藏文物中的傣族五彩织锦，红地上用金黄丝线套织成菱形和回旋纹样，用黑线织骑士乘象图案，大象背鞍的篷内坐着一个乘象出游的人物轮廓。整块织锦色彩绚丽、织工精致，有浓郁的民族风味。景颇族筒裙不同于傣锦风格，它是以几何纹织满底的手法，采用红色为基调，黑色为底衬，图案对比强烈，有很强的装饰效果。壮锦则质地结实，纹样精美，主要有二龙戏珠、回纹、水云纹、花卉纹等。

　　绣。在云南少数民族中较为普遍，技法

90.傣族五彩织锦

十分丰富,他们的服装几乎每一件都离不开挑花刺绣,或多或少,或繁或简,妇女们用巧手绣出美丽的服装。在馆藏的所有民族服装上,你都可以看到自然界中举目可见的植物、动物、天地、星辰等风格独特的纹样和图案。这些绣品不仅美化了服装,还点缀了其他的服装配件:绣花背被、绣花挂包、绣花腰带、绣花绑腿、绣花鞋子、绣花鞋垫、绣花帽子……数不胜数。

染。即在染色的过程中就将图案花纹施于布上,最有代表性的是蜡染和扎染。蜡染历史悠久,它是用蜡刀蘸着熔化的蜡,在白布上信手绘出各种图案,然后放入染缸中浸染,再经沸水除蜡,出现冰裂纹的各种图案,这一古老的工艺至今仍为苗族妇女所擅长,多采用点线、几何图案、螺旋回纹。纹样组合多样,风格多变,有浓厚的乡土气息和民族特色。云南省博物馆收藏的蜡染布料较多,典型者如其中一块共有32种不同图案的蜡染,色彩素雅、构思巧妙,工艺精致,是蜡染中的上乘之作。苗族的百褶裙多用蜡染布缝制而成。

扎染是白族妇女特有的手工艺,技法变化多端。按自己喜欢的花样,用线将白布扎成一个个疙瘩,然后投入染缸浸染,晒干后,将扎疙瘩的线头剪去,各种花纹图案即显现出来,主要有梅花、蝴蝶等小型花纹图案,朴素淡雅。只要你走进白族村寨,随处可见它的踪影:扎染布料、衣裤、鞋帽、挂包、背

91.壮族刺绣图案

被，床单床罩、围腰手帕，有很多人将它当作艺术品用于装饰家居，扎染壁挂、门帘等举目可见。

饰品。云南各民族男女老少的衣装打扮从古至今不仅五彩缤纷，而且从头到脚缀满了琳琅满目的饰品，有金、银、铜、藤蔑、竹、石、料珠、花、果、骨、牙、

92.白族扎染

93.佤族银饰

云南省博物馆

94.傣族银手饰

95.瑶族银头饰

角等加工而成的发饰、耳饰、颈饰、腰饰、臂饰、手饰等等，用来装饰人体的头、耳、颈、臂、腰、手等部位。发饰主要有簪、钗、梳、头箍等，佤族的银头箍是较有特点的发饰，它既固定了发型，又起到装饰的作用。耳饰主要有耳柱、耳环和耳坠，德昂族、佤族、景颇族的圆筒状、蘑菇形、长杆形饰缨须链坠耳柱都非常有特色。颈饰主要有项圈、项链和珠串，苗、瑶、壮、佤、景颇族流行戴银项圈，彝族则喜欢佩戴各式各样的银挂链，傈僳族喜欢在胸前挂兽饰、贝饰、珠串，藏族喜欢玛瑙、珊瑚等挂饰。胸饰是比较特殊的一种饰品，以壮族、彝族的银岐较为典型。腰部饰品也是一些民族常见的饰物，其中尤以德昂族的藤篾腰箍最为著名，有涂上各种颜色的，有刻着花纹图案的，无不呈现出古朴自然的特征。傣族的花腰傣女子最爱把精致的竹编腰篓当作饰品系于腰间，用来放随身的小东西。手部饰品主要有臂箍、手镯、手链、戒指等，佤族、景颇族、哈尼族、傣族等都喜欢戴臂箍，其中尤以佤族最为突出，手镯、戒指则是每个民族都喜欢的饰物。

神与人共通的向往
——民族宗教

云南少数民族除了原始信仰外,也有信奉佛教、道教、伊斯兰教、基督教的。云南省博物馆中,珍藏着许多用于民族宗教活动的文物,主要以藏传佛教和东巴文物居多。

1.祭祀用具类

举行宗教活动时,祭司的行头也很有讲究,纳西族的东巴祭司头上要戴五佛冠、身上穿着法衣、手拿各种祭祀用具;彝族祭师毕摩头上戴的是鹰爪帽,执羊皮鼓、卦板来主持祭祀仪式。

宗教用具中最主要的就是用于祭祀活动的法器了。藏族的法器比较多,有金刚杵、金刚铃、净水碗、海螺、法号等。彝族的则有羊皮鼓、卦板等。其他民族的祭祀用器也是各有特色。纳西族东巴教祭祀用具中最重要的是东巴神路图,为纳西族在丧葬仪式中使用的直卷轴长卷画,用连续的画面描述了地狱、人间和天堂,引导死者灵魂回归祖先和

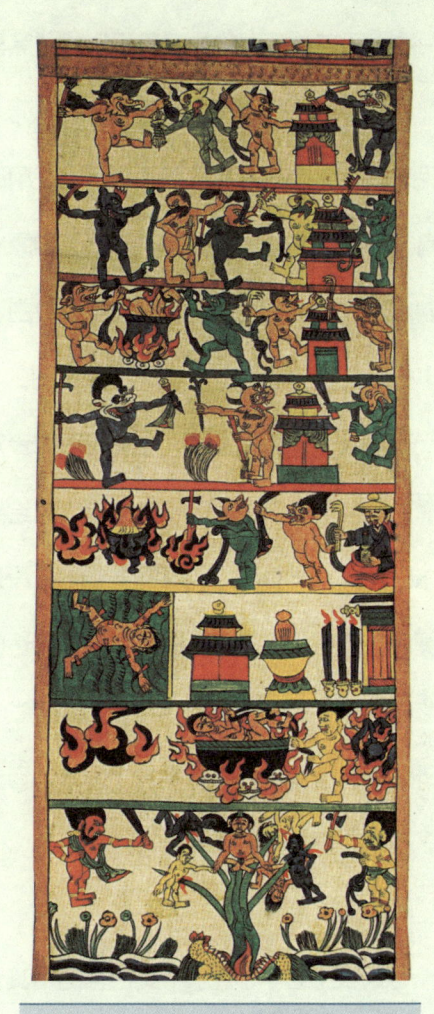

96.纳西族神路图

云南省博物馆

神灵之地。其次也使用木牌画、各种面偶、泥偶和神像。

神路图在纳西语称为"黑日"或"黑日皮",是纳西族东巴经师（东巴）为东巴死者和民间正常死亡的老者做超度法事时使用的画幅。此幅为长幅,布质,用天然矿物原料绘制。分下、中、上三个大段,每大段由若干小格组成,按从下至上的顺序来看图。下段代表阴间,描绘灵魂经过魔关和遭罪受难的情形。中段是自然神管辖的地界,描绘经过东巴化解,灵魂渐入佳境的景象。上段是神灵所在的三十三层天,是死者祈望到达的理想之境。全图画人、鬼、神的形象百余个,另外还画有植物、动物、房舍、山水、云天等,五彩斑斓,内容十分丰富。

2. 祈吉求福类

各民族生活中,祈求平安吉祥的用具有很多,像面具、吞口、瓦猫。

97. 水族面具

98. 彝族吞口

面具主要是藏族、壮族、布依族、彝族等民族用于节日庆典和宗教活动的道具,多以神灵或民间崇拜的英雄为对象,能为人间带来风调雨顺。吞口是水族、彝族等民族在木瓢、葫芦瓢上彩绘的神灵造型,挂在门上,可以驱邪,保家户平安。瓦猫不是猫,是用陶烧制的吉祥瑞兽,似猫似虎,专门放在房屋顶上镇宅,驱除邪魔的,常见的有青灰色和土黄色两种,主要是大理、丽江、昆明等地的白族、纳西族和汉族使用。

在祈吉类藏品中,甲马是一种特殊的民间版画,流传于汉族、白族、彝族、纳西族、傈僳族等民族中,充满了不同地域民族特色。主要用于年节风俗祈祷、祭祀和日常生活,祈求衣食丰足、吉祥平安、招财进宝、驱邪除病等。

民间也用各种美术表现形式来表达他们对神灵的崇敬,祈求护佑五谷丰登,家宅兴旺。瑶族的道教布画、纳西族的神画像、藏族的唐卡和傣族、布朗族赕佛祭献的长幅布幡"栋"等,都属于此类。

唐卡属藏语译音,是藏传佛教特有的宗教艺术品,是一种用彩缎织物装裱的卷轴佛像画,大多是在布面、纸面和绢面上,用填色、勾勒、描

99. 甲马板

金的方法绘制而成。一般长1米左右。色彩有的秀丽典雅，有的艳丽活泼，有的沉着古朴。唐卡的题材和内容十分丰富，有传记类、肖像类、度母、天女、菩萨及各路护法类、历史人物类，形象生动、逼真，具有独特的宗教艺术魅力。馆藏的《持金刚修法图》唐卡就是一幅不可多得的民族艺术珍品。布质，横56.5厘米，纵84厘米。图中共绘33尊神像。主尊为持金刚修法像，束发、戴五叶冠，六面十二臂，正面双手交叉持金刚杵，余手各执兵器。坐姿为结跏趺座（两脚面交叉向上）。面容较为安详，正面脸部为深蓝色，其余分别为红、白等色。饰三层椭圆形背光，下有圆形莲座。主尊像下为立姿持金刚愤怒四面像，火焰形背光，腰系虎皮裙，足下踩一人。主尊像上是成佛像，意指修炼的最高境界。其余的30尊小像围着主尊分列，形象大致相同，也是六面十二臂，正面双手交叉持金刚杵，结跏趺座，并且每尊像下都注有藏文加以说明。整幅画像由银灰色作底，色彩浓艳、亮丽、辉煌，笔法精细入微，是一幅不可多得的民族艺术珍品。

100.《持金刚修法图》唐卡

追溯历史的证明
——民族文字典籍

在云南，所有的民族都有自己的语言，可是，有文字的少数民族却很少。那么他们用什么来记事呢？在绳上打结，在石头、木头、竹片、牛角上刻上符号，就成为他们记录的方法。如哈尼族的记日竹牌，独龙族的结绳记事，拉祜族的竹刻记事、记账、解决纠纷等。这些实物无疑是历史的见证。如果他们要写信交流又怎么办呢？人们想来想去，开始用身边自然环境中的花草果叶来传情表意。景颇族男女青年谈恋爱的时候，用树叶的不同组合来表达情感，这种特殊的信件叫做"树叶信"。当一个小伙子喜欢上一个姑娘，他就用树叶包上树根、蒜、树叶、辣椒、草、姜、黄豆等，作为情书送给心爱的姑娘，姑娘一看便知道他的意思了，如果她也喜欢这个小伙子，就把原信包好退回给他。如果姑娘的

101.傣族贝叶经

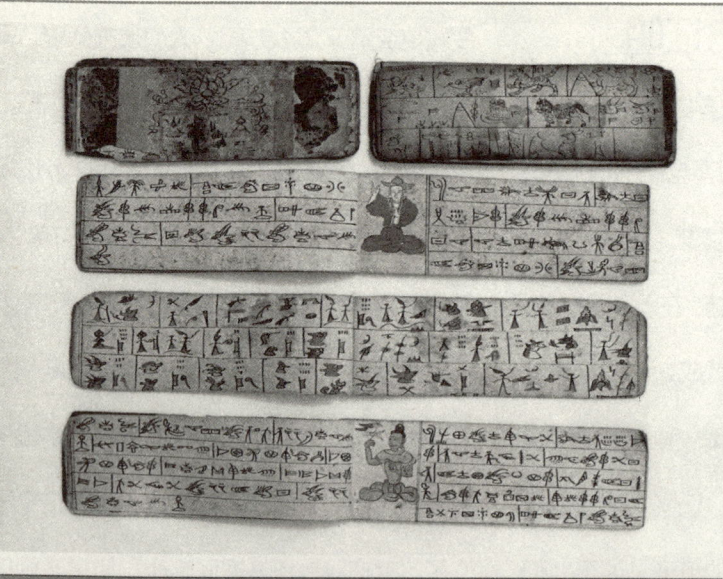

102. 纳西族东巴经

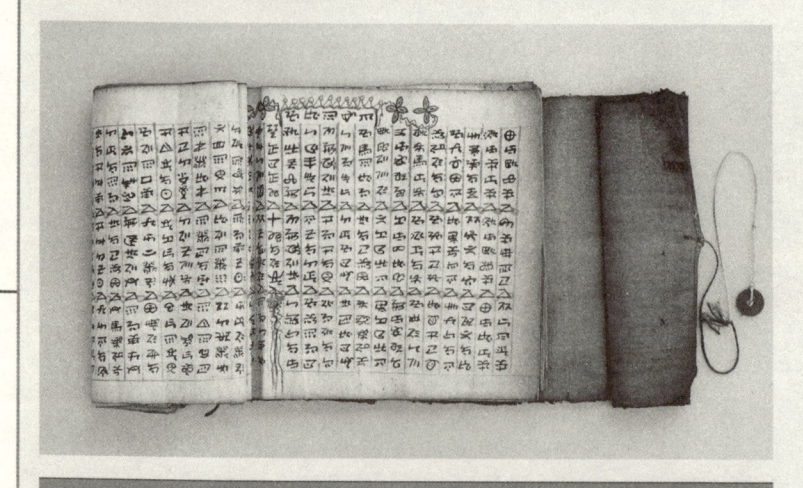

103. 彝文经书

父母反对，就用树叶包上刺、含羞草、火药、枪弹交给小伙子，表示不同意。

有文字的民族又是什么情况呢？纳西族创造了东巴文，这种文字有标音文字和象形文字两种字体，用这种文字在手工制造的纸上写成经书，记录下纳西族的历史和文化，这就是著名的东巴经。由于象形文字都是图画一样的符号，东巴经看上去就是一本好看的连环画书。傣族也有自己的文字，除了在棉

YUNNAN PROVINCIAL MUSEUM

纸上抄写经书外,还把经书刻在贝叶上,称之为"贝叶经",傣族地区至今仍在使用。藏族的经书用藏文梵文来写,是研究文字和佛教历史的重要史料。彝族也发明创造了自己的文字——彝文,这些文字除了用来记录日常生活中重要的人和事件外,最主要的功能是彝族的智者和巫师"毕摩"用来抄写经书。彝族的历史文化就是靠这些书籍记录传承下来的。当然,还有用阿拉伯文写的回族的古兰经,有许多的版本和材质。

104.古兰经

责任印制：张道奇

责任编辑：贾东营

图书在版编目(CIP)数据

云南省博物馆／云南省博物馆　编著．－北京：文物出
版社，2006.6
(带你走进博物馆)
ISBN 7-5010-1892-8

Ⅰ.云…　　Ⅱ.云…　　Ⅲ.博物馆－简介－云南省
Ⅳ.G269.277.4

中国版本图书馆CIP数据核字（2006）第018888号

云 南 省 博 物 馆

云南省博物馆　编著

文物出版社出版发行
(北京五四大街29号)
http://www.wenwu.com
E-mail:web@wenwu.com
北京文博利奥印刷有限公司制版
文物出版社印刷厂印刷
新华书店经销
880×1230　1/24　印张：4.5
2006年6月第一版　2006年6月第一次印刷
ISBN7-5010-1892-8/G·114　定价：20元